超一流、二流、三流の休み方

日本バトラー&コンシェルジュ代表　新井直之

あさ出版

はじめに

皆様、初めてお目にかかります。
私は執事をしております新井直之と申します。
この本の著者でございます。

突然ですが、皆様に質問がございます。
次の２つを読んだとき、どちらが理想的な休み方だと思いますか？　直感でお答えください。

多忙な平日を乗り越えてやっとの週末。せっかくの休日だから……

Ａ「昼過ぎまで横になっていよう」
Ｂ「気分転換に公園まで散歩に行こう」

じつはこれ、２つとも理想的な休み方ではありません。

なぜなら、いずれも休み方の本質を欠いているからです（詳しくは20ページで説明しておりますので、そちらをご参照ください）。


なぜ、冒頭からこんな意地悪な質問をするのかというと、本書をお読みの皆様に「正しい休み方」とは何かを知ってほしいと思ったからです。

その休み方、間違っています

もともと日本人は休み下手が多いです。

真面目で勤勉といえば、聞こえはいいのですが、何事にも一生懸命になり過ぎて、上手に肩の力を抜く方法がわかっていないともいえます。

私は現在、日本で執事サービスを行う会社を経営し、執事として仕事を行っております。これまでに数々の大富豪と呼ばれる方々の身の回りのお世話をし、それ以前には会社員として多くのビジネスパーソンと関わってきました。

そうして関わってきたすべての人々を見たとき、私は〝あること〟に気づきました。それは大半の日本人が休めているようで、じつは効果的に休めていないということです。むしろ、休み返上で仕事をするため、リフレッシュができず、コンディションが最悪な状態になっているのです。

そもそも休みとは、心身の疲れを取り、コンディションを整え、パフォーマンスを上げる行為です。これは働く現代人に置き換えれば、仕事の成果を上げるために日頃の疲れを取り、心身の調子を整え、休み明けにいいスタートダッシュを切るための準備ともいえます。それゆえ、

「休日はボーッと寝て過ごす」
「休み明けはいつも寝不足」
「休んでいるのに疲れが抜けない」

という方は、「間違った休み方」をしている可能性があるのです。

成功者の休み方から学べること

私は幸いにも、大富豪と呼ばれる一握りの成功者たちを傍らで見てきました。

そして一般の方と比べた場合、彼らの休み方がいかに上手なのかに気づいたのです。成功者たちはどのように休めば、心身の疲れが取れて、コンディションが整い、パフォーマンスを発揮できるか、質の高い休息を心得ています。

そこで本書では、大富豪と呼ばれるような人生の成功者を「超一流」、仕事ができるといわれる方を「二流」、ごく一般的な方を「三流」と称したうえで、休み方や体調管理などの違いを比較検証してみました。

本書を読めば、これまであまり意識していなかった休み方の本質が見直せます。

仕事一筋で休み下手の方にありがちな「休んだのに疲れが取れない」「気持ちがスッキリしない」という不満が解消され、「カラダがラクになった」「心からリフレッシュできた」という喜びに変わるはずです。

朝から晩まで働き詰めで、残業を惜しまないという方にとっては、自身の働き方を見直すきっかけにもなるでしょう。

時間を顧みず、遅くまで残業して成果を出す――。

こうした働き方は昔のものとなりました。

これからの時代は「生産性」「効率化」がカギとなります。

そのためには、どのように働くかも大事ですが、それ以上に、どのように休むかも突き詰めていかなくてはなりません。

たくさん働いて成果を出すという考え方は、もはや美徳ではありません。

疲れをためないように休みを取り、コンディションを万全に整え、いかにパフォーマンスを発揮するか。このことを本書を通じて、多くの方々に知っていただくのが何よりの幸せです。

2018年8月

新井直之

はじめに

第１章　仕事編

第2章 カラダ編

第4章　習慣編

43 旅行の計画
三流 行き当たりばったり
二流 予定をギチギチに詰め込む
超一流 隣町に行く感覚でフラッと
196

44 キャンプの場所
三流 すべて完備された都会で
二流 コンビニ近接の大自然で
超一流 ライフラインがない山奥で
200

45 観光
三流 有名な観光地
二流 地元の穴場スポット
超一流 誰も知らない隠れリゾート
204

46 ホテルの部屋
三流 料金が安いキレイな部屋
二流 料金が安くて景色のいい部屋
超一流 廊下のいちばん奥にある部屋
208

第 *1* 章

仕事編

三流 ダラダラ寝て過ごす

二流 散歩や趣味を楽しむ

超一流 仕事の下準備をする

忙しい毎日を乗り切るには、休日の過ごし方が重要です。

ただし、過ごし方を一歩間違えると、逆効果にもなりかねません。


もっとも避けたい休み方は、一日中寝て過ごすことです。

体調を崩しているときは横になってしっかりと休むべきですが、健康な人が土日をダラダラと寝て過ごすのは、カラダのためになりません。

再び仕事モードに切り替えるのも苦労します。

日曜日の夜に「また明日から仕事か……」と憂鬱になってしまうのは、平日と休日の過ごし方にギャップが大きすぎることも、1つの要因でしょう。


一方、散歩に出たり、趣味を楽しもうとする人もいます。

仕事のことは片隅に置き、楽しいひと時を過ごすことで、気分をリセットしようとします。

こうした休み方も決して悪くはありませんが、一度仕事モードをオフにしてしまうと、休みモードから仕事モードへの切り替えに時間が必要です。

最善と呼ぶには至らないでしょう。

では、超一流はどんな休み方を過ごしているのでしょうか。


超一流は、仕事モードを完全オフにせず、仕事の下準備を行います。

たとえば、息抜きを兼ねて、仕事用の靴やバッグを買いに行ったり、下見がてら、会食で使おうと思っていた店へ食事をしに行きます。

仕事用のアイテムも、必要に迫られて買いに行くより、余裕のある休日にのんびりと見て回るほうがなかなか楽しいものです。買い物の間中、仕事のことを考えるので、ストレスを感じずに、仕事モードを保つことができます。


私がお伝えする成功者のみなさんも例外なく完全に休んでいる人はいません。

仕事の準備に休日を使っています。

F1レースでたとえれば、ピットインをしている状態です。ピットアウトしたときに全力で仕事ができるように、仕事のスーツやアイテムを買いそろえたり、交換したりするのです。そして休日明けに全速力で仕事に戻っていくのです。

休日とは、仕事の疲れを取る休息日であると同時に、次の仕事に向けた助走期間でもあります。

週明けから勢いよくスタートダッシュを切れるように、超一流はつねに準備を怠らないのです。

――休日とは次の仕事の助走期間

2
休日の考え方

三流 基本は土日祝日

二流 余裕があれば有給休暇

超一流 休みは仕事と抱き合わせ

みなさん、「休日＝仕事がない日」と考えていませんか？

週末が休みの方の場合、月～金曜日まで仕事で、土日にようやく休みがきたという感覚です。

最近だと「ワークライフバランス」という言葉で、仕事とプライベートを切り分ける生き方として推奨されています。

つまり、公私を分ける生き方です。


ですが、このように公私を分けてしまうと、仕事のパフォーマンスを上げるための休みという点では、マイナスです。

なぜなら、休み明けから仕事のエンジンがかからないという事態になってしまうからです。パソコンの電源を一度切ってしまうと、立ち上がりに時間がかかるのと同じで、オンオフの切り替えがうまくできなくなるのです。

できるだけ公私を分けない、仕事と休日の境目をなくすような「公私混同」の生き方が人生を充実させるのです。

その意味では、「休み＝公休・有給」と公私を分ける考え方だと、まだまだ二流・

三流の休み方といえるでしょう。

その点、超一流は違います。

超一流は仕事も休みもセットで両得できるような考え方をします。

よくあるケースが出張を兼ねた家族とのお出かけです。お出かけ自体が公私双方の意味を兼ね備えるので、仕事モードがオフになることがありません。

いざ仕事というときも、立ち上がりに時間がかからず、カラダにも余計な負荷がかからないのです。

仕事にも休みにも明確な境界線がない、これこそ超一流の休みです。


私のお客様にも、出張の際に必ず奥様を伴われてお出かけになる方がいます。

公私混同するといっても奥様と過ごされる時間ももちろん大切にしているので、夫婦仲は円満ですし、不満もたまりません。

仕事で急ぎの連絡が入ったときはあっという間に仕事モードに戻り、奥様に「ちょっと3分だけいいかな」と手際よく対応を済ましています。

仕事にプライベートを持ち込んでいるのですから、奥様は、仕事の電話もやむを得ない、むしろ、忙しいのに時間を取ってくれているご主人に感謝するでしょう。

もし、これが完全な休息モードに入っていたら、どうなるでしょうか。

立ち上がりに時間がかかるので「3分で済ます」といいながらも、結局は30分も1時間もかかってしまい、奥様はフラストレーションがたまってしまうでしょう。


仕事に休みや楽しみを上手に混ぜ込んでいく。

公私を分けない「ワークライフバランス」ならぬ、「ワークライフブレンド」という考え方こそが、最高のパフォーマンスを生み出す休日のあり方なのです。

休みも仕事もうまくいけば、家族も自分の人生も順調に回っていく。

休みだけにとらわれず、仕事とのバランスをどのように取っていくかを考えてみるといいでしょう。

――休みは、公私混同するほうがいい

3 休暇の取り方

三流　カレンダー通りに休む

二流　仕事の進捗に合わせて休む

超一流　自分が休みたい日に休む

欧米では、誰もが当たり前に長期休暇を取ります。フランスの8月はバカンスシーズンで、4～5週間にもわたって皆が思い思いの休暇を楽しんでいます。

一方、日本では、これほどしっかりと休暇を取っている人を見かけません。祝祭日の日数でいうと、フランスより日本のほうがずっと多いのに、働き過ぎが社会問題になっているくらいです。

やはり日本人は休み下手なのかもしれません。

ところが、休み下手の日本人のなかにも、きちんと休暇を取っている人がいます。「なかなか休めない」という人は、そもそも休みの取り方が間違っている可能性があるのです。

もっとも簡単な休みの取り方は、カレンダー通りに休むことです。

ただし、仕事が忙しいと、休日返上で働かなければなりません。

せっかく休暇を取ったのに、思うように休めず、自分自身の負担も増えてしまうのであれば、その休み方は三流と言わざるを得ないでしょう。

なかには、仕事の進捗に合わせて休暇の予定を立てる人もいます。

「このプロジェクトが7月末に終わるから、夏休みは8月第1週に取ろう」という予定の立て方です。実際、仕事ができる人ほど、新しい業務を任されて忙しいもの。「仕事が優先、休暇は後回し」になってしまうのもわかります。

しかし、これは休み方としては二流です。

仕事が予定通りに進めばいいですが、物事はたいてい予定より遅れるもの。仕事優先でいる限り、休めません。長い目で見れば、心身に疲れがたまり、パフォーマンスが落ちていきます。では、どうすれば休めるのか。

超一流は、休暇を優先します。

自分が休みたい日を決め、それに合わせて仕事を調整するのです。

私のお客様にも、8月15～31日はハワイで過ごすと決めている方がいます。

年間スケジュールに休暇の予定をあらかじめ組み込んでしまうのです。すると、休暇を前提に仕事の予定を組むので、仕事に振り回されることはありません。

なぜ超一流は、休暇を優先するのでしょうか。

それは「休暇＝仕事のため」と考えているから。最高のパフォーマンスを発揮するために、カラダを休めたり、リフレッシュしたりしているのです。

アスリートが「休むのも仕事」と考えるのと似ています。

試合の翌日は休養にあて、ひたすら体力の回復に努める。次の試合に向けて調子を整えていく。休暇を取るのも、心身のコンディショニングの一環です。

あくまでも自分のペースに合わせて、仕事も休暇も、主体的にコントロールしていくことが大切なのです。


会社勤めの方は、自分の都合で休暇を取ることが難しいでしょう。

ただし、「休暇＝仕事のため」と意識できれば、休暇を自分がコントロールするという姿勢ができ、どなたにとっても参考になるのではないでしょうか。

「休暇＝仕事から逃れる機会」と考えていた方は、まず意識から変えてみてください。

――休むからこそ、仕事は充実する

4

休暇時の電話対応

三流 「休みなので…」と断る

二流 「休みですが…」と対応する

超一流 「仕事中です！」とウソをつく

仕事はつねに動いていて、状況は刻一刻と変わります。

完璧に段取りをつけて休暇に入っても、突発事項が起こったり、お客様から問い合わせが来ることもあります。

そんなとき、みなさんはどのような対応をするでしょうか。


おそらく、「本日お休みをいただいておりますので、休み明けの朝一番に対応いたします」という方が多いかもしれません。

一見、模範解答に思えますが、じつはこれ、三流の対応です。

なぜなら、お問い合わせくださったお客様に、何も応えていないからです。

言葉遣いは丁寧でも、「休暇中なので連絡してこないで」と宣言しているようなものです。

それに対して、二流はたとえ休暇中でもきちんと対応します。

対応をしているのに「超一流」と言えないのは、「休暇中」であることを伝えてしまうからです。

二流・三流は、休暇を「権利」ととらえています。

普段は、会社のために時間と労力を使っているのだから、与えられた権利である休暇中にまで働く義務はないと考えています。いちいち対応してしまうと、休暇がなくなってしまうという不安が「休暇中です」という言葉に表れるのです。

しかし、これは雇用されている人の発想です。

もし個人事業主のように、「自分の仕事、自分のお客様」という意識を持っていたら、お客様との接点を自ら断ち切ってしまうことはしないでしょう。

超一流は、迷うことなく「仕事中です」と答えます。

海外リゾート地でくつろいでいても、ゴルフのラウンド中であっても、休んでいることはおくびにも出さず、いつも通りに対応します。相手は自分のお客様であり、これが自分の仕事であるというプロ意識を持っているのです。

彼らは不測の事態が起こっていることを知らなかったり、他人に判断や対応を任せてしまっているのをイヤがります。何が起こっているのか把握できなければ、逆に仕事のことばかり気になってしまいます。

これは、携帯電話を忘れて外出してしまったときと似ています。何か急な用件や、重要な連絡が入っているのではないかと、落ち着かない気持ちでソワソワするのと同じです。精神衛生上よろしくありません。

超一流にとって、休暇中の対応は、決して面倒なことではないのです。自分の預かり知らぬところで物事が動くくらいなら、多少手間がかかっても、自分で対応したほうが状況をコントロールできますし、精神的にも安心できる。小さな手間で、安定したパフォーマンスを維持することができるのです。

――精神衛生的に気が休まる判断をしよう

5

小休憩を取るタイミング

三流　気分で決める

二流　時間で決める

超一流　区切りで決める

人間の集中力は永遠に続くわけではありません。
限られた時間のなかで、より効率的に仕事を進めていくためには、適度に「小休憩」を取っていかなければならないのです。

ところが、大半の方は漠然と「休憩さえ取れば……」と考えています。なんとなく気が向いたときに、コーヒーを淹れたり、外の空気を吸いに行ったりして効率がアップすると思っているのです。

ただし、仕事の合間にダラダラと休憩をはさんでも、あまり効果はありません。小休憩と仕事を漫然と繰り返すだけでは、一時的な気分転換はできても、仕事の効率アップやパフォーマンスの向上につながらないのです。

一方で、二流はもう少し計画的に休憩を取ります。
「昼休みは決まった時間に必ず確保する」「15時には甘い物を口にする」「90分働いたら10分休む」「午後は15分昼寝をする」など、いろいろな方法を実践しているようです。

ただし、機械的に時間で区切ってしまうと、単に作業を中断させただけになりかねません。せっかくエンジンがかかったのに、わざわざブレーキをかけてしまうのは非効率。仕事も完了していないので、精神的にもモヤモヤした状態で、休憩の効果は半減してしまいます。

超一流は、「仕事の区切りがつく＝休み」と考えます。

漫然と作業に取り組み、ダラダラと仕事を続けることはしません。「伝票処理は14時までに済ませる」「企画書を午前中に完成させる」など自分で期限を決めます。仕事の予定を組んだら、その時間にアラームを鳴らすなどして締切を厳守するので、気持ちを切り替えて休みに入ることができます。

仕事とは、限られた時間のなかで前に進めていくもの。

超一流は、そのことをよくご存じです。締切があると、プレッシャーを感じるかもしれませんが、「完成するまで頑張る」「完璧にするまで続ける」などと言っていたら、いつまでも休みは取れないでしょう。

なかには、『クリエイティブな作業を行うときは時間に縛られずに取り組んだほうが良い』という人もいます。

しかし、「時間があればもっと良いものができる」というのは幻想です。人間の集中力はそれほど長く続きません。

期限を設けないで取り組んだときと、「あと1時間しかない」というときの集中度合いはまったく違います。

どちらがより良いものができるかは、言うまでもないでしょう。

期限を区切ることによって、高い集中力で仕事を前に進める。

仕事の区切りがついているので、精神的にもスッキリと休める。

締切を設けるとは、仕事の質も、休憩の質も高めてくれる、一挙両得の方法なのです。

――休むときは「区切り」が大切

6 カレンダー

三流 完全週休２日

二流 週休２日ときどき仕事

超一流 週休０日だったり、７日だったり

「今度の日曜日は出勤で……」と聞くと、私たちはつい反射的に「大変ですね」「お疲れ様です」などと返してしまいます。

なぜなら、日曜日は仕事をしない日、休みの日だからです。

カレンダーには、日曜日や祝祭日が赤色で記されています。週休2日制が普及し、土曜日が青色で色分けされているものもめずらしくありません。

もちろん実際に仕事をしていると、イレギュラーな場面もあります。カレンダー通りにいかず、休日出勤して、休みを調整することもあるでしょう。

いずれにせよ、カレンダーをベースに休みを取っているのです。

ですが、これは能動的に休みを取っている状態とは言えません。

「いつ休むか」をカレンダーに教わっている、ある意味、受け身的な休み方です。

これでは、まだまだ二流・三流の休み方と言えるでしょう。

では、超一流はどうしているのか。

超一流は、カレンダーを改ざんします。

私がそれに気づいたのは、あるお客様から「真っ黒なカレンダーがほしい」と言われたことがきっかけでした。

土日祝日が色付けされていない、日付と曜日だけがわかるシンプルなものがほしいというのです。市販のものをいくら探しても、そんなカレンダーは存在しません。結局、そのときはパソコンで手づくりしました。

超一流は「なぜ決められた休みに従わなくてはいけないのか」と考えます。いまが勝負どころだと思えば、週休0日で猛烈に働きますし、疲れがたまったり、いま頑張ってもなかなか成果につながらないと思えば、割り切って週休7日にしてしまいます。

良いパフォーマンスを発揮できるかどうか、これが休みの判断基準なのです。

私自身が外資系企業に勤めていた頃、土曜日は出勤して、水曜日に休みを取っている同僚がいました。本人いわく、土日を連続して休むと、気が緩んでしまうのだそうです。そこで、自分にとってもっとも心地良い「3日働いて1日休み」

というシフトを自発的に組んでいたのです。

個人成績が明確になりやすい職種であれば、自分で仕事の予定が組みやすいはずです。たとえ、自由がきかない職種でも、土曜日に仕事をするかわりに、水曜日は負荷の少ない仕事を入れるという工夫ができます。フレックスタイムや在宅ワークなどの制度があれば、メリハリのある生活も送れます。


大切なのは、「土日＝休み」という既成概念に縛られないこと。

つねに自分のパフォーマンスが発揮できる休み方を見極めることです。

どんなペースで働き、どう休めば、自分の心身を最高の状態に保てるのか、ぜひ主体的に考えるクセをつけてください。

――能動的に休みを取ろう

7

仕事の効率化

三流 結果的に余計な仕事を増やす

二流 朝早く出勤して仕事を減らす

超一流 どんどん他人に仕事を振る

多くの会社が残業を減らそうと動いています。

就業時間を過ぎると、強制的に照明が落とされたり、上司から早く帰るようにけしかけられるという話も聞きます。

ただ、私の知る限りでは、「人員が増えたわけでも、仕事量が減ったわけでもないので、残業ができないのは困る」という方もいます。

しっかり働き、ゆっくり休むというメリハリのある生活を送るには、効率良く仕事を進める方法を考えなければいけません。

一般的には行動計画表などをつくってスケジュールを管理しようとしますが、人によっては、資料づくりが目的になって満足してしまいます。ただでさえ忙しいのに、余計な仕事を増やすのは本末転倒。これは三流の対策です。

二流になると「残業できないなら、朝早くから仕事をしよう」と考えます。

ただし、残業を減らすために働く時間を増やすというのは、あまり意味がありません。労働時間が変わらないと、トータルの休める時間は増えないからです。

では、超一流はどうするのでしょうか。

超一流は、仕事を他人に振ってしまいます。

「自分にしかできない仕事をやる」というスタンスで、どんどん他人に仕事を振っていくので、仕事の量が減り、休める余裕ができるのです。

たとえば、企画の内容は自分で考えて、プレゼンテーション資料の作成は部下に頼む。経費精算などの事務作業は秘書に任せる。秘書がいない人は、外部の秘書サービスを自腹で頼んだり、家族に任せる……。

もちろんこれは、単に自分がラクをしたいから、という理由ではありません。

自分がいなくても、仕事が回る仕組みをつくりたいというのが本音です。


私のお客様に、オーナー企業の経営者がいます。

自分で立ち上げた会社ですから、トップの責任として、自分が率先して動くべきだとあちこち奔走していたそうです。ところが、忙しさに追われて病に倒れ、死を意識した瞬間、「ここで自分が死んだら社員5000人が路頭に迷う。いまのままではいけない」と感じたそうです。

幸いにもカラダが回復し、経営の現場に戻ることができましたが、それ以来、自分がいつ死んでもいいように、どんどん社員に仕事を振るようになりました。

するると、自分が本当に重要な仕事だけに専念できるようになり、以前よりもパフォーマンスが高まっただけでなく、時間的な余裕が生まれ、健康的な生活を送れるようになったというのです。


若いうちはいろいろな経験を積むのも良いですが、いつまでも仕事を抱え込んでしまうと、自分の首を絞めることになってしまいます。

「ここで自分が死んでも仕事は回っていくか」という視点で、つねに自分の仕事を見直してください。

仕事を手放すとは、自分にしかできない仕事に力を注ぐということなのです。

――つねに抱え込まない、それも休むコツ

8

休みの日の前日

三流 仕事を放置して帰る

二流 仕事を終わらせて帰る

超一流 仕事をあえて残して帰る

休みの日の前日ともなると、心が軽いという方は多いでしょう。「ようやく明日は休める！」と思えば解放感が高まります。就業時間が過ぎたら、仕事の量に関係なく、早々に会社を出てしまう人もいます。

後先を考えずに休もうとするのが三流だとすれば、その日にやるべき仕事を終わらせて休もうとするのが二流です。

では、超一流はどうするのでしょうか？


彼らは仕事をあえて残して帰ります。

パソコンの電源が一度落ちると、再起動に時間がかかるのと同じで、人も休みに入ると再び仕事モードに切り替わるまでに時間がかかるのです。

そのため、超一流は休み用の仕事を用意し、完全オフの状態をつくらないようにします。休み明けから快適なスタートダッシュが切れるようにするのです。

三流のように仕事を片付けずに休みに入ってしまうと、休み明けはやり残した仕事を片付けるところから始めざるを得ません。

二流のように仕事を終わらせてから休みに入ると、再びエンジンをかけ直さなくてはいけません。これではスタートが大きく出遅れます。

このように説明すると、「休日にわざわざ仕事をするのであれば、休日の意味がないのでは？」と指摘する人も出てきます。たしかに、これではリフレッシュどころか、休日出勤と同じです。

ただし、超一流が取り組むのは、〝普段〟と違う仕事です。


仕事には、「こなす仕事」と「思案する仕事」の2つがあります。

「こなす仕事」とは、期限内に確実にアウトプットしなければいけない仕事です。伝票処理、レポートの作成、顧客訪問など、日常的に取り組んでいる仕事の9割は「こなす仕事」といえます。

一方で、「思案する仕事」とは、時間に関係なく徹底的に考え抜かなくてはいけない仕事です。事業の進退、人事異動など、緊急度は高くないけれど、今後の命運を左右する重要な課題は、多角的に検証する必要があります。


じつはこうした課題は、休日に考えたほうが、普段と違う視点で物事を見つめ直せていいのです。

ある経営者は、週末や長期休暇の時間をほぼ「思案する仕事」にあてています。30年後の未来はどうなっているのか、そのなかで会社は何を目指すのか、そのための組織はどうあるべきか……。毎回テーマを決めて思案をめぐらせます。

そして休み明けには、新規事業のプロジェクトチームを立ち上げたり、組織改革を部下に指示するなど、考えた結果を実行します。

休日を「思案する仕事」にあてることで、重要な課題を後回しにせず、着実に前に進められる。ほかに先んじて、手を打つことができるのです。

「思案する仕事」はいろいろあるはずです。休日の宿題として、自分の重要テーマに向き合ってみるのはいかがでしょうか。

――休みでも頭のなかはオフにしない

9
退社時間

三流　残業が当たり前

二流　定時ときどき残業

超一流　定時前でも即帰宅

定時を過ぎても、誰一人帰ろうとしない職場は多いようです。

残業する理由はさまざまあるでしょう。

「仕事が多くて終わらない」

「残業代がほしい」

「上司や同僚を差し置いて一人だけ先に帰りにくい」

効率的に短時間で仕上げる人より、遅くまで働いている人のほうが「頑張っている」と評価される風潮もあり、多くの人にとって「残業は当たり前」となっています。ただし、無自覚に残業するのは、三流のふるまいです。

意識が高い人は、生産性にこだわります。

退社時間から逆算して、決められた時間内に最大限の成果を出そうとします。できるだけムダな残業をしないように意識するのです。

ですが、これでは、まだまだ二流です。

超一流は、就業時間なんて気にしません。

成果を出すことが最優先。

目的が達成できれば定時前でも帰宅します。

その日にやるべき仕事が終わったら、14時だろうが15時だろうが、さっさと仕事を切り上げてスポーツジムで鍛えたり、趣味の時間にあててリフレッシュしたり、お客様と飲みに行ったりするのです。


実際、私の知り合いで、毎朝6時には出社している方がいます。

通勤ラッシュを避けるために朝早く出社し、さっさと仕事を終わらせて、午後2時くらいには帰ってしまいます。ときには、会社の近くで明るいうちからビールを飲んでくつろぐこともあるそうです。

9〜17時までの就業時間が3時間前倒しされているので、労働時間は変わりません。いわば〝スーパーフレックスタイム〟といったところでしょうか。

つねに結果を出しているので、職場の誰もがその働き方を認めています。

唯一、上司から「みんなの手前、夕方5時前に会社の近所で飲むのはやめてくれ」と言われたくらいだといいます。

サボリ上手ほど時間に縛られない

優秀なトップセールスはたいてい「サボり上手」です。

共用スケジュールに「お客様訪問」と入れながら、じつは喫茶店で優雅にコーヒーを飲み、来月の営業戦略を練っていたりします。今月の目標を達成してしまえば、直行直帰をフル活用してさっさと会社を出てしまう。しゃかりきに働いているわけではなく、ひょうひょうと遊んでいるように見えて、なぜかしっかりと結果だけは出している。

こういう人ほど、就業時間に縛られないのです。

帰れるときはさっさと帰り、次の仕事に向けて英気を養う。
定時までダラダラと時間をつぶすより、時間を有効的に使う。
パフォーマンスが高まり、実績を積み上げていく考え方が大事です。

10

休日を過ごす相手

三流　昔なじみの友人知人

二流　仕事で付き合いのある人

超一流　ボランティア仲間

休日を充実させたければ、誰と過ごすかも重要です。

若い方の場合、地元の友人や学生時代の仲間と遊びに行くケースが多いでしょう。これを三流の休み方だとすると、二流は少しビジネスを意識して、上司と家族ぐるみの付き合いをしたり、取引先とゴルフに出かけたりします。

気の置けない仲間とにぎやかに過ごしてリフレッシュするのも、仕事が円滑に進んでいくように仕事関係者と交流を深めるのも、休日の過ごし方として悪いわけではありません。

実際、超一流の方々も、友人や仕事関係者と過ごすことがあります。

ただし、二流・三流に少なくて、超一流の方に意外と多いのが、休日はチャリティーやボランティアの仲間と過ごすというケースです。

たとえば、ライオンズクラブやロータリークラブのような社会奉仕団体には、地元の名士や著名な企業経営者などが数多くいます。そして持ち前のビジネス感覚をいかんなく発揮して、地域貢献や国際協力にいそしんでいるのです。

こうした活動の裏には、「世の中を良くしたい」という想いがあります。そして、もう1つ理由を挙げるとすれば、普段なら出会えない人と知り合い、交流を持てるから楽しいのです。

ビジネスの世界では、肩書や役職を完全に切り離して付き合うことは難しいのが現実です。上司と部下にせよ、お客様や取引先にせよ、相手の立場を知らずに知り合いになることは、まず考えられません。

ところが、ボランティア団体のような場所には、大企業の経営者も、地元の商店主も、個人事業主も、学生も参加しています。

しかもみんな、「世の中に貢献したい」という想いを共有しているのです。

そういう人たちと純粋に人間同士の付き合いができる機会はなかなか見当たりません。役職も年齢も職業も異なる意識の高い人たちと、同じ目的に向かってともに進んでいく経験からは、仕事とは違った刺激や手応えが得られるのです。

また、知り合ったボランティア仲間と、巡り巡ってビジネスをともにする例が少なくありません。

たとえば、別の業種に勤めている方々が、社会奉仕団体で交流を重ねていくうちに「こんなことができるのではないか」と盛り上がり、新たな事業を立ち上げたケースがあります。別のオーナー経営者は、チャリティー活動を通じて知った若い人を、ご自身の会社の後継者として招き入れました。

新しい人脈は、仕事を離れた休日に生まれることが多いです。

超一流はそのことをよくご存じなので、休みになると、普段は接点のない人たちと出会える場所に積極的に出かけていきます。

昔なじみの友人知人が「過去」の相手だとすれば、上司や取引先などの仕事関係者は「現在」の相手、そして、いつかどこかで実を結ぶかもしれないボランティア仲間は「未来」の相手といえるでしょう。

超一流は10年先、20年先を見据えて行動しているともいえるのです

——新しい出会いは休日に生まれる

11
連休

三流　仕事を忘れて完全オフ

二流　仕事を頑張る自分アピール

超一流　混雑時は働き、オフシーズンに休暇海外旅行に出かける人、実家に帰省する人、家でのんびり過ごす人……。過ごし方は人それぞれ違いますが、連休をどう活用するかによって、仕事のパフォーマンスにも大きな差がつきます。

三流は、連休を目いっぱい満喫します。レジャーを楽しむなら、いまがチャンスとばかりに、ヨーロッパ弾丸ツアーに申し込みます。完全に休みモードです。

ただし、連休中はホテルや旅館の宿泊費が高騰したり、交通機関が混雑します。張り切って遊びに出かけて、逆に疲れやストレスをためてしまうこともしばしば。休み明けに疲れた状態で、仕事を再開しなければいけないときも……。

二流は連休でもあえて出勤して、ここぞとばかりに社内の関係部門や取引先にメールを出しまくり、連休返上で頑張る自分をアピールするのに忙しくなります。

みんなが休んでいる連休に働くことで、心優しい同僚や上司から称賛され、自己承認欲求が満たされます。連休後もカレンダー通りに働き続けることにより、一歩、同僚に差をつけた自分に誇りを持つことができます。しかし、それは「労働時間が人よりも多かった」ということにしかなりません。

同じ連休に出勤する人でも超一流は違います。

連休に出勤してバリバリ働く代わりに、休みをほかの平日に振り替えて、連休を二段階も三段階も充実したものにアップグレードしてしまうのです。私は世間の平日に自分だけが連休状態になることを「連休のアップグレード」と呼んでいます。

休暇時期をズラして取れば、旅行も人混みに揉まれることなく、ゆったりとくつろげます。料金も手頃な価格に落ち着くので一石二鳥です。


会社勤めの方は、自由に休暇を決められないかもしれませんが、夏休みなどは、部署内でメンバーが交代で休みを取るケースもあるでしょう。

若い人ならば、ハイシーズンの休暇は上司や先輩に譲り、「自分はいちばん最後に休みを取らせていただきます」と言ってみるのも手です。

誰かしら出社しなければいけないときには、率先して手を挙げると、皆に感謝されながら、オフシーズンにゆっくりと休暇を楽しめるはずです。

——連休は人と違うことをするチャンス

連休のアップグレードは、チャレンジできるチャンスでもあります。ただ遊ぶだけで終わらせず、上手な活用法を探してみてください。

また、他人が休んでいるときは、大きな差をつけるチャンスでもあります。世間が休みの間は、お客様からの問い合わせや取引先からの連絡が少なく、後手に回っていた緊急性はないけど重要な仕事に取り組むこともできます。

なかには、勉強する機会として連休のアップグレードを活用する方もいます。私の会社で行っている執事スクールにも、宿泊費や航空チケットが安い平日の連休という利点を使って、地方から受講しにくる方がいます。研修に参加したり、フィリピンやタイのリゾートにある語学学校に短期留学をしたりして、自己研鑽を安価に効率的に行っている方もいるのです。

第2章

カラダ編

12

動き出し

三流 いつも時間ギリギリ

二流 基本は1時間前

超一流 ときに朝4時から始動

カラダの疲れがたまりやすい、休んでいるのに疲れが抜けないという方は、1日の動き出しに問題があります。

それがパフォーマンスの低下を招いているのです。

たとえば、毎朝、時間ギリギリに出社していたりしませんか。

疲れを取るためにギリギリまで布団でまどろんでいるから、通勤ラッシュに揉まれ、時間を気にしながら出社することになるのです。席に着いた頃には、精神的にも、肉体的にもぐったり疲れていることでしょう。

準備不足のまま仕事に取りかかり、焦りが増すからミスも増える。当然パフォーマンスも上がりません。これこそ、動き出しでつねに体力を消耗している典型です。残念ながら三流と言わざるを得ません。

これに対して、二流は1時間くらい前に出社します。

少し余裕をもって仕事に取り組むので、三流のように追い詰められることはありません。ただし、社会人ともなれば、時間の余裕をもって出社している人は、いくらでもいます。ほかの人に差を付けるまでにはいかないでしょう。忙しいときはいくばくかの疲れも見えます。

そして、超一流は、「早めに出社する」という中途半端なことはしません。メリハリをつけるため、ときには朝4時に起床。始発を利用して「圧倒的に早く」出社します。

通勤ラッシュを避けられますし、段取りをつけてから仕事に取りかかるので、効率的に仕事が進みます。同僚が出社してくる頃には、今日やるべき仕事の半分は片付いています。時間的にも、精神的にも余裕が生まれ、急な仕事を振られても、トラブルが起こっても、落ち着いて対処できるのです。

人によっては「それほど早起きするのは疲れるのでは?」と思うかもしれませんが、一度やってみるとその効果を実感できるはずです。

私自身も「始発で出社」をたびたび実践しています。

日々の忙しさに追われて、ズルズルと仕事が遅れがちになると、小さなダッシュを繰り返して遅れをカバーするしかなく、疲労が蓄積していきます。

ところが、攻めの姿勢で圧倒的な前倒しを図ると、再び自分のペースを取り戻すことができるのです。

心身に余裕ができると、パフォーマンスは高まります。

カラダの疲れを取るために、ズルズルと布団のなかにいるより、ときには早起きして始発の時間から活動したほうがずっと得だということを、超一流はよく知っているのです。

――早朝から動き出す日をつくろう

13 眠気

三流 デスクで居眠りする

二流 会議室で仮眠する

超一流 ホテルで昼寝する

眠気とは、カラダが休みたがっているサインです。

眠気をひきずりながら仕事をすると、仕事の効率や生産性が落ちます。

眠いときには、思い切って仮眠し、眠気を解消したほうが仕事のパフォーマンスは高まるのです。このとき問題となるのは「睡眠の質」です。どのような睡眠をとったかで、その後の仕事の生産性は大きく変わってきます。


私も会社員時代、徹夜仕事が連日続き、眠気に耐え切れずデスクでよく居眠りしていたものです。しかし、職場で居眠りすることのバツの悪さもあり、まったく疲れが取れなかったのを覚えています。

同僚のなかには、使っていない会議室でイスを並べて横になる人もいました。

日中、短時間の仮眠を取ることで心身の疲労が緩和され、集中力がアップすることは科学的にも証明されています。眠気をこらえながら仕事をするより、思い切って仮眠を取ったほうが、ずっとよさそうです。

ですが、超一流の方々を見ていると、このような仮眠の仕方はまだまだ中途半端だと言わざるを得ません。

超一流は仮眠も仕事のパフォーマンスを向上するために必要だと考えているので、短時間でも「良質な睡眠」を取ることにこだわります。

なかには、昼から夕方の数時間だけ滞在できるホテルのデイユースを利用して昼寝をされる方も少なくありません。昼寝のためにオフィス近くのホテルの一室を年間契約している方もいました。

さらに海外には、ホテルだけではなく、自分の行く先々にいつでも自分のカラダに合ったシートやマットレスで眠れる体制を整える方もいます。

プライベートジェットやクルーザー、大型のキャンピングトレーラーなどを行く先々に用意して、最良の環境で眠れるように備えています。

もし、私たちが超一流の行動習慣を取り入れるとしたら、ホテルの年間契約はハードルが高いですが、「睡眠の質」へのこだわりは参考にできるのではないでしょうか。

ビジネスホテルやカプセルホテルにもデイユースのサービスがあるので、利用してみるのも1つの方法でしょう。

カプセルホテルなら3時間で1000〜2000円程度で利用できるようです。

また、「エアウィーヴ」などのポータブル式高反発マットレスを活用するのもいいでしょう。これはスポーツ選手が海外遠征に持参しているもの。軽くて持ち運びが容易なので、オフィスのロッカーに置いておけば、会議室やカラオケボックス、ネットカフェでも利用できます。


ただし、いくら快適な睡眠環境でも寝すぎには注意してください。夜とるべき睡眠を昼間にとってしまうことで生活のリズムが乱れ、かえって翌日の仕事のパフォーマンスが落ちることになるからです。

理想は1時間〜1時間半以内に抑えたほうがいいことも申し添えておきます。

——思い切って仮眠することも大事

14

ホッと一息

三流　自販機の缶コーヒー

二流　スタバのコーヒー

超一流　５０００円のコーヒー

「アイデアが湧かない」

「集中力が途切れてきた」

「ちょっと一息つきたい」


そんなときにコーヒーはいちばん手軽にできる気分転換です。

たった5分のブレイクで頭がスッキリし、その後の生産性が大きくアップすることもあります。逆に休憩したのに疲れが取れず、なかなか仕事のスイッチが入らない場合もあります。

コーヒーを飲んでホッと一息つくという行為にも、休み方で差が生じるのです。


よくあるのが自動販売機のコーヒーです。

私も会社員時代、缶コーヒーを買って自分のデスクでよく飲んでいました。

しかし、それまで仕事をしていたデスクで休憩しても気分転換にはならず、その後の仕事もはかどりませんでした。

仮に同じ時間を使うのであれば、スターバックスコーヒーなどの店舗に足を運んで、落ち着いた空間でホッと一息つくほうがオン・オフはつけられます。

ただ、心の底から「リラックスした！」「疲れが吹き飛んだ！」という感覚があるかというとちょっと疑問です。


では、超一流はどこで一息つくのでしょうか。

彼らは高級ホテルのラウンジでコーヒーを召し上がります。

たとえば、東京のトップクラスのラグジュアリーホテルや、会員制サロンのラウンジなどでジャコウネコの糞から取れる「コピルアック」という1杯5000～7000円する希少なコーヒーを飲みます。缶やスタバのコーヒーであれば特別感はありませんが、1杯5000円のコーヒーであれば必ず記憶に残ります。

超一流はコーヒーに対してというよりも、「希少価値のあるコーヒーを飲んだ」という「体験」や、ラグジュアリーホテルという「非日常空間」に対してお金を払っているのです。

つまり、「記憶に残る休み方」をすることで、「休んだ」「リラックスした」という感覚を記憶に強く残しメリハリをつけているのです。

「記憶に残る休み方」は脳をだますことがポイントです。
ただ、お金をかければいいということではありません。

- 執事喫茶やメイドカフェなど、非日常な空間でお茶を楽しむ
- ブルガリの1個1000円以上するチョコレートを味わいながらお茶を楽しむ
- オフィスビルの屋上や非常階段で、街を見下ろしながら缶コーヒーを飲む

たった10分の休憩でも「日常とのギャップ」を演出し、記憶に残る休み方を心がけることで、仕事のパフォーマンスは飛躍的にアップするはずです。

――記憶に残る1杯を楽しもう

15
ペース配分

三流　がむしゃらに頑張る

二流　タスク管理にこだわる

超一流　自分以外の力に頼る

疲労を最小限に抑えながら、仕事で最高のパフォーマンスを発揮する。

そのためには「ペース配分」が重要です。

週明けから全体力を使って勢いよく走り出しても、後半になるとスタミナ切れを起こして、モチベーションが上がらない、集中力が続かないということになりかねません。

みなさんも新入社員の頃、朝から気合いを入れて頑張ったけれど、徐々に勢いが失速し、結局は残業するはめになったということがあるでしょう。

最高のパフォーマンスを発揮するためには、1日、1週間のなかで緩急をつけたペース配分が求められるのです。

ただし、このペース配分も人によって個人差があります。

まず残念なのが「がむしゃらに頑張る」という人です。

気合いを入れて目の前のことを片付けていけば、細かな計画を立てなくても仕事は終わるという考えです。ただ、人間の集中力はそう長く続きません。

体調や気持ちの状態によっても波があります。

どこかで不測の事態があれば、いずれは慢性的に疲れがたまってしまう状態になります。

なかにはToDoリストをつくって、自分でタスク管理をしようという方もいますが、予定通りに実行できるかというと、そうではないことのほうが多いはずです。がむしゃらに頑張る方も、タスク管理しようという方も、自分の力を過信して失敗してしまいます。

一方、超一流は自分の力でペース配分しようとしません。

自分の意志の弱さを知っているので、最初から自分以外の、より確実な何かに頼ります。

先ほどのToDoリストでいえば、スマホのアラーム機能を使って予定を管理したり、腕時計型ウェアラブルデバイスの「Apple Watch」などを使って、その日のスケジュールを管理したりします。

とくに「Apple Watch」には一定時間、同じ姿勢が続くとカラダを動かすよう振動で警告してくれる機能があります。疲れたタイミングでそっとコーヒーを出してくれる秘書のように集中のしすぎを知らせてくれるのです。

「自分以外の確実なものに任せる」という考え方はすぐに取り入れることができます。たとえば、アラーム機能付きのアナログ時計を取り入れる。同じチームの同僚に「監督役」を頼む。

駅伝で監督が選手に「もっとペースを落とせ！」と指示するのと同じような感覚です。いずれも客観的に自分のペース配分を確認することができます。

疲れを持ち越さずに1日、1週間を乗り切るためにも、ツールや他人に助けてもらって上手にペース配分をしましょう。

——気づかせてもらう工夫をしよう

16

疲れ具合

三流 振り回されて疲れる

二流 作業に追われて疲れる

超一流 先を予測するから疲れない

疲労は大別すると、2種類あります。

「心地良い疲れ」と「心地良くない疲れ」です。

たとえば、週末に仲間とゴルフをして疲れることがありますが、この場合の疲れとは「心地良い疲れ」です。翌日に疲れをひきずらず、気持ちがリセットできるので、翌日から再び頑張ろうと思えます。

一方、同じ週末でも仕事の関係で接待ゴルフをすることがありますが、この場合の疲れとは「心地良くない疲れ」です。取引先に気を使いますし、休みだけど、半ば仕事なので、翌日に疲れが残ってしまいます。

こうした違いが生じるのは、ひとえにマインドの問題です。

つまり、「自分が自主的に関わろうと思ったのか」、それとも「押し付けられたのか」で、疲れの感じ方にも差が生じるのです。

休み下手でとにかく疲れてしまうという方は、たいてい仕事の進め方が受け身です。上司や先輩から振られたタスクをこなしたり、取引先から急に提出を求められたり、と自分以外の人に主導権があります。

なかには、仕事の手離れを早くして次々と作業を終わらせる方もいます。仕事がソツなくできる、会社の中核を支えるような人たちです。

ときに突発的な案件が発生して作業に追われることもありますが、振り回されっぱなしということはないので、疲労度も日によって違います。

とはいえ、このままでは疲れを自分でコントロールできず、ベストな状態で仕事に取り組むことは困難です。

では、どのような進め方をすれば、疲れはたまらないのでしょうか。

そのヒントは、超一流の仕事の進め方にあります。

超一流になると、仕事を進めるときに先回りします。相手が何を必要とするかを予測し、能動的に取り組むのです。

これは飲食店の接客をイメージするとわかりやすいでしょう。

できる店員さんはお客様から「お水ください！」「注文いいですか？」と言われる前に相手を観察して先回りします。呼ばれる前にお水を届けたり、注文を伺うようにすれば、自分のペースで作業を進められます。

相手に振り回されることがないので、気持ちにも余裕ができ、精神的にも疲れません。仕事の達成感だけが得られるので、その日一日が終わる頃には「心地良い疲れ」となっているでしょう。

疲れない働き方をするコツは、「自発的に動くこと」「先回りすること」です。この2つをつねに実行すれば、精神的な負荷が減り、肉体的にも疲れにくくなるのではないでしょうか。

――自分のペースで先回りせよ

17

滋養強壮

三流　ドリンク剤を買う

二流　ウナギを食べる

超一流　イミダペプチドを飲む

年齢とともに体力は確実に落ちていきます。ちょっとした日常業務でもすぐ疲れてしまい、休んだはずなのに全然疲れが取れないということも多いはずです。

こんなときには、コンビニやドラッグストアで栄養ドリンクを買って飲むという方もいるでしょう。

ですが、ドリンク剤は、カフェインで脳を覚醒させるもの。残業や徹夜をするときのサポートにはなるかもしれませんが、疲れが取れるわけではないので、根本的な解決にはなりません。

なかには、食事で疲れにくいカラダをつくろうという方もいます。「精力がつく」「夏バテに効く」と言われて、土用の丑の日にウナギを食べるのはその典型です。ただ、これはもともと「丑の日に『う』から始まる食べ物を食べると夏負けしない」という民間信仰からきているもの。

良質なたんぱく質やビタミンが含まれてはいますが、ウナギを食べてすぐにスタミナがつくわけではなく、精神的な意味合いが大きいといえるでしょう。

栄養ドリンクにせよ、ウナギにせよ、二流や三流は「これがいい」という世間のぼんやりとした情報を取り入れてしまうことが多いといえます。


しかし、超一流は違います。

彼らにとって、健康とはつねに追求し続けるもの。

疲労回復も「なんとなく効いている気がする」という民間療法や予防的なものではなく、「科学的根拠」があるものしか取り入れません。

カラダの抵抗力や回復力を高めるために、ニンニク注射やビタミン注射を打つ方が多いのもそのため。ドクターの診察のもとで健康に気をつけて行っています。


とくに超一流が最近注目しているのが「イミダペプチド」という成分です。

じつは疲労のメカニズムはつい最近まで解明されていなかったのですが、産官学の疲労研究プロジェクトで、もっとも疲労回復に効く成分というお墨付きを与えられたのがイミダペプチドなのです。

渡り鳥が一度に何万キロという長距離を休憩することなく飛ぶことに着目した結果、渡り鳥は体内でこの成分を分泌できることが明らかになったといいます。脳が疲れたときには脳に、筋肉が疲れたときには筋肉に、ピンポイントで機能し、疲労物質の活性酸素を除去してくれるようです。

もし、日頃から疲れやすいと感じているのならば、まずは「これがいいらしい」「効くらしい」といった情報を鵜呑みにするのを止めましょう。

科学的根拠があるものを取り入れる。それを調べる余裕がなければ超一流の行動習慣をマネしてみるのもいいかもしれません。

――「なんとなく」より「科学的根拠」を

18

汗のかき方

三流　仕事「中」に汗をかく

二流　仕事「前」に汗をかく

超一流　仕事「後」に汗をかく

一日の疲れを「心地良い疲れ」に変えたいとき、汗のかき方によって「悪い疲労」を「良い疲労」に変えることができます。

残念な汗のかき方といえば、仕事に追われて汗だくになることです。

かつては私も、夏の外回りで同じような経験をしたことがあります。受け身の姿勢で仕事に取り組んでしまうと、〝やらされ感〟だけが強くなってしまうため、肉体的な疲れを感じ、翌日スッキリしないことが多いです。

これは三流の汗のかき方と呼べるでしょう。

意識が高い人ですと、朝、仕事前にランニングをして汗を流そうとします。ランニングで基礎体力を上げて、疲れにくいカラダをつくろうとするのです。

ところが、仕事前に運動をしてしまうと、日中に発揮すべきエネルギーを使ってしまうため、仕事のパフォーマンスが落ちます。お昼を食べた後に、決まって眠くなるという方も少なくないでしょう。

では、超一流はどのような汗のかき方をするのでしょうか。

超一流も疲れにくいカラダをつくるために、ランニングをしたり、ジムでトレーニングをしたりして、積極的に汗をかいています。

ただ、超一流の場合、仕事が終わった後に汗をかくと決めているのです。

これは日中の仕事にエネルギーを使いたいからです。

仕事後に汗をかくことで「この疲れは仕事によるものではなく運動によるもの」と脳に思い込ませます。「仕事の疲れ」を「運動後の心地良い疲れ」に書き換えているのです。

このことをある超一流の方がデザートの話に例えて教えてくれました。

「なぜコース料理でデザートを最後に食べるか知っているか？　それはデザートによって、それまでの料理が口に合わなくても、すべて帳消しにできる効果があるからなんだ」

コースではいろいろな料理が出てきて、なかには口に合わないものもあります。

でも、デザートがまずいということは滅多にありません。

だから、万人が美味しいと思うデザートを最後に持ってくることによって、その全体のディナーが美味しく思えるようにメニューを構成しているそうです。

この話を聞いて「なるほど」と思いました。

スポーツの疲れは「心地良い疲れ」。だから1日の最後に持ってくることで、その印象を持ったまま休息し、翌日にひきずらないことができるのです。

もし、仕事で疲れてカラダがダルいと感じていても、軽い運動をして汗を流せば、気持ちはリフレッシュしているので、あまり疲労を感じずに済みます。

つまり、「仕事でたまった悪い疲労」を「良い疲労」に変えられるのです。

同じ汗をかくなら、仕事終わりに運動して汗を流す。

これを心がけるだけで疲れを次の日に持ち越さず、気持ちのいい朝を迎えられるのです。

――「良い疲労」に記憶をすり替えよう

19

入浴

三流　シャワーを浴びたがる

二流　湯船につかろうとする

超一流　絶対サウナに入ろうとする

「入浴」は疲れを癒す至福のひと時です。

心身の深いリラックスにつながり、カラダの調子も整います。

うまく使えば、かなりの疲労回復効果を見込めます。


いちばん手軽なのはシャワーでしょう。

仕事が忙しいと一刻も早くベッドに直行したくて、湯船につからずにシャワーだけで済ます人も多いはず。ですが、シャワーを浴びるだけだと、単に「汚れ」を洗い流すだけに終わってしまいます。

もうちょっと健康に意識を向けられている方は、湯船につかるのが習慣です。

温熱効果によって血行が良くなるので、老廃物や疲労物質が除去されて、疲れやコリがなくなりスッキリします。

自律神経を整える、安眠などの効果もあります。


ですが、超一流はこの上をいきます。

健康を追求する超一流は、お風呂にプラスしてサウナを好みます。

サウナは汗をかくことによって、あたかも運動したかのような気分になり、脳内の「仕事の疲れ」を「運動後の心地良い疲れ」に書き換えます。

また、空気は水よりも温度を伝えにくい性質があるため、お風呂のように直接肌に水が触れないぶん、カラダをゆっくりと芯から温めてくれます。そのぶん大量の汗をかきますし、カラダの芯から汗が出ているのを実感できます。


休日によくスパに行くのも特徴です。

スパとは、カラダを鍛えたりリラックスしたりするためにつくられた、サウナ、ジャグジー、スチームバス、エステ、エクササイズマシンなどを備えた温浴施設です。超一流はこうしたところでオフを過ごします。

これも「記憶に残る休み方」をすることで脳に「ゆっくり休んだ」という感覚をインプットします。高級スパでゆっくりと過ごしたという「経験」や「普段とのギャップ」が心からのリラックスにつながるのです。


三流はシャワーで「カラダの汚れ」を洗い流すため。

二流は湯船につかり、「カラダの汚れ＋疲労物質」を洗い流すため。

超一流はさらに「疲労の記憶」を洗い流し、エネルギーを充電するため。

入浴という行為でも最高の効果を求めている点は、さすが超一流です。


とはいえ、自宅にサウナをつくる、週末ごとに高級スパに行くのはなかなか難しいでしょう。ただ、そのエッセンスを取り入れることは可能です。

たとえば、走るのがつらいほど疲れてしまった日や、天気が悪い日には近所のサウナ付きの銭湯を利用するのはどうでしょうか。

休日にスーパー銭湯などの温浴施設に行くのも1つの手です。入浴剤を使って、泡風呂を味わうのも非日常を味わえてオススメです。

入浴はコンディションを整える「メンテナンスツール」です。

ぜひ、毎日のルーティンを自発的・戦略的に使ってみてください。

——入浴こそ、疲労回復の最高ツール

20
出張

三流 指定席を押さえる

二流 グリーン車を押さえる

超一流 出張しない方法を考える

出張で新幹線や特急電車に乗る場合、できるだけ事前に指定席を押さえて、移動中にカラダを休めたり、パソコンを使って作業をするなど、仕事を早く終えるようにします。

しかし、確実に座れる指定席でも、邪魔されずにのんびりできるかというとそんなことはありません。窓側に座っている人がお手洗いに行く際は、自分が席を一度立ったり、前の席の方がリクライニングを倒し過ぎて窮屈な思いをしたり、同じ車両に騒がしい団体が乗り合わせるなど、移動中に仕事や休息をできる状況ではなくなってしまうこともしばしばです。

一方、自腹でグリーン車に乗車して、自分の移動時間を上質なものに変える方もいます。グリーン車は、騒がしい団体に遭遇する確率が低く、シート幅も余裕があります。隣の人の移動時に自分が立ち上がる必要もありません。仕事をするにしても休憩するにしても、上質な環境を手に入れることができます。

ただ、このままでは二流・三流の域を出ません。

では、気になる超一流はどんな方法を取るのか。

超一流は「移動で疲れるなら行かなきゃいい」という発想です。

普通の人は「移動で疲れるのだから、移動の時間をいかに快適に過ごすか」と考えますが、超一流は疲れる原因そのものをなくしてしまおうと考えるのです。

それゆえ、まずは相手の予定を押さえます。

そしてお互いのスケジュールが調整できたタイミングで、「電話会議」や「テレビ会議」を行います。

もちろん、直接、「会う」ことのメリットもあるので、ある程度の信頼関係が構築できている人たちに限るともいえます。

信頼関係を築くまではあえて「会う」という行動を取ることもありますが、ある程度関係ができている人、同じ会社の仲間であれば、最小限の行動で済ませられるかを考えるのです。

最近では「働き方改革」で在宅勤務が可能になり、同じ場所で対面しての会議ではなく「テレビ会議」「スカイプ会議」が増えてきました。

多くの人が会議に付随する身体的・精神的な負担、時間的・コスト的なムダに気がついてきているのかもしれません。

こうした流れは最近のものですが、私どものお客様はもう20年以上も前からテレビ会議を取り入れていました。時代がやっと彼らに追いついてきたといえるのかもしれません。

もし、出張続きで疲れていたとしたら、「出張はつきものだから仕方がない」「せめて移動を快適に」と考えるのではなく、「本当に顔を合わせて話す必要があるか」を考えてみるのも選択肢として必要なのかもしれません。

ときには本質を見直す、見極めることが疲労軽減の第一歩です。

――出張ありきの考えを見直そう

21

旅行時の移動手段

三流　高速バスや自動車を選ぶ

二流　新幹線や飛行機を選ぶ

超一流　寝台列車や旅客船を選ぶ

旅には日常を忘れ、日々の疲れを癒す効果があります。

ただし、どのような旅をするかによって旅本来の目的が果たせず、かえって疲れてしまうこともあります。高速バスを使ったり、仲間と交替で自動車を運転したり、お金をできるだけ節約する「コスト重視」の方は多いでしょう。

私も若いときにはこのような旅をしたものですが、「疲れ」という観点で考えると移動に疲れてしまって、家に帰った頃にはクタクタということがあります。

一方、移動に時間をかけない新幹線や飛行機の旅を好む「時間重視」の方もいます。こちらは移動時間が短いぶん、コスト重視の方より疲労は少ないですし、旅先での時間もたっぷり取れます。

ですが、再び新幹線や飛行機に乗って家に帰ってくると、ドッと疲れが出て、「やっぱり我が家がいちばんだね」というのもよくある話です。

コスト重視派も時間重視派も皮肉なことに、「休息」が目的のはずの旅行で疲れてしまっているのが問題です。連休最後の1日を旅行後の休息日として取っておく人も多いと聞きます。

では、超一流は旅行で疲れることはないのでしょうか？

彼らは旅行でも疲れない方法を心得ています。

超一流は移動そのものを旅の楽しみに変え、深い休息につなげているのです。

コスト重視派も時間重視派も「旅先で楽しむ」ことを目的にしていますが、超一流は「移動そのもの」を目的にしています。


とくに超一流の間では「TWILIGHT EXPRESS 瑞風《みずかぜ》」「TRAIN SUITE 四季島」、そして「ななつ星 in 九州」などで、旅をしながら仕事の移動をするのが人気です。天井までガラス張りの車両、外に出られる車両のデッキから風光明媚な景色を風の匂いとともに感じて、ピアノの生演奏を聴きながら、美味しい料理に舌鼓を打ちながら移動できます。檜風呂に入り、フワフワのベッドで熟睡できます。

飛行機なら、わずか1時間ちょっとですが、「移動時間も旅行のうち」と9時間かけて移動そのものを楽しんでいます。

世界一周のクルーズなど豪華客船の旅をする方が多いのは、時間も景色もゆっくり感じて、心の底からノンビリできるからです。船旅の場合、移動する間に育まれる人との交流や食事など、ほかにない魅力もあります。

超一流はこうした「ゆっくり旅を楽しんだ」「非日常の休日を過ごした」という記憶を脳にインプットすることで休息につなげているのです。

「旅行するとかえって疲れてしまう」と感じている方は、普段利用しない交通機関を使って「移動そのものが楽しめる旅」を企画してみてはいかがでしょうか。

このような旅は、お金や時間に縛られない「制約のない自由」があってこそです。寝台列車も旅客船も最高級クラス以外にいろいろあります。東京と四国・山陰エリアを結ぶ「寝台特急 サンライズ瀬戸・出雲」は、東京ー大阪間の出張にも使え、普通の会社員でも手が届く値段のものもあります。

非日常を味わいながら時間を気にせず、ゆっくりと流れる景色を見る。

それだけでも普段味わえない深いリラックスを旅で味わえるはずです。

――移動時間を楽しむのも旅行の醍醐味

第3章

メンタル編

22

性格

三流　いつも能天気

二流　何をしても心配性

超一流　どんなときも楽観的

月曜の朝、通勤電車に乗ると、なんとなく疲れた表情の方が多いなと感じます。せっかくの休日にリフレッシュできなかったのでしょう。

私の周囲にも、疲れが残ったまま働いている人が少なくありません。

休日返上で仕事をしていた、家族サービスで疲れたなど、さまざまな要因が考えられますが、1つに個人の「性格」が関係しているといえます。

たとえば、計画性のない能天気な性格だと、疲れがたまりがちです。「休みにまとめて作業すればいいいか」と安易に考え、休日返上で仕事をしますが、一気に詰め込んで仕事をするため、疲れが取れません。

一方、心配性な性格が災いして、「何か抜けてないか」とつねに不安を抱えている人もいます。どこかへ遊びに行っているときも、仕事のことが頭から離れないようでは、気が休まらず、疲れが増すばかりです。

能天気も心配性も持ち前の性格とはいえ、このままでは肩の力が抜けません。残念ですが、休みを取るという点では、二流・三流といえます。

その点、超一流は驚くほど楽観的です。

私が知る限り、憂鬱な顔で月曜日を迎える方はいません。

休日に多少仕事をしつつも早々に切り上げ、気分転換を図ります。そして月曜日は最初からエンジン全開で仕事をスタートします。

超一流が楽観的なのは、驚くほど緻密な思考と綿密な準備をしているからです。

それが顕著になるのが、クライアントを訪ねるアポイントのとき。

超一流は最初から「最悪の事態を想定して、どのくらい移動時間がかかるか」を考えます。ここでは電車を利用する場合で考えてみましょう。

たとえば、そのとき考えるのは次のようなことです。

- 急行が出た直後に到着して各駅停車しかなかったら？
- もし予定していた路線が不通になったら迂回ルートは？
- 電車が無理な場合は、タクシーを飛ばすほうが早いのか？

なぜ、超一流はここまで考えるのでしょうか。

それは「不測の事態に対処するときほど、エネルギーを消耗することはない」とわかっているからです。緻密な計画を練るには時間と労力がかかりますが、超一流はその労をいといません。

月曜の朝一番に重要なプレゼンがあれば、準備は前の週のうちに完璧に整えます。だから休日は休日でしっかり休養を取り、充実した気力と体力で月曜日をスタートできるのです。

起こりうる可能性はすべてつぶしておく。何かしらの対処法を知っておく。超一流に共通する楽観的という性格は、「人事を尽くして天命を待つ」、打てる手はすべて打ってあるという自信に裏付けられたものなのです。

何事もこのような姿勢を心がけるだけで、休み明けのことを考えて不安なまま過ごす休日はなくなるのではないでしょうか。

――ポジティブは綿密な準備の賜物

23

癒しの場所

三流　行きつけの店を探す

二流　顔なじみの店を訪れる

超一流　原点の地を訪れる

「次々と仕事を振られ、休憩を取る余裕もない」
「上司に目標達成をせかされ、会社に行くのが憂鬱」
「苦手な人がいて人間関係がつらい」

ストレスにさらされると心がすさみ、体調まで崩れてしまいます。心が疲れたと感じたときは、早めにリセットすることが肝心です。

もっとも簡単なリセットの方法は「癒しの場所」に行くことですが、選び方次第では癒しにならないばかりか、かえって疲れてしまいます。

残念なのが、行きつけのお店探しです。

常連客となって心が落ち着くような居場所をつくりたい気持ちはわかりますが、時間やお金を使うだけで、疲れてしまうことも少なくありません。

ベテランになると、仕事の付き合いで訪れた店があります。「久しぶりにあの店に顔を出してみよう」と顔なじみの店が思い浮かびます。

気心の知れたお店の方との楽しい会話や、美味しい料理で癒されようと考えますが、ストレスを抱えている現実は変わりません。

そこで過ごす時間は楽しくても、外に出た途端、「明日からまた仕事か」とタメ息が出るようでは、癒しとはいえません。

いちばんいいのは、原点の地を訪れることです。

ビジネスマンであれば最初に働いたビル、経営者であれば創業の地……。

私どものお客様のなかには、起業したときのオフィスをそのまま残している方が何人かいます。最初の物件をもう一度借りて、当時の様子をわざわざ復元した方もいます。その理由を尋ねたところ、

「初心を思い出すためにやっているんだよ」

と教えてくれました。

超一流は日々の仕事で、とても大きな責任を背負っています。

巨額な投資案件の決断、会社の存続にかかわる判断……。重大な案件に囲まれて過ごすストレスたるや、想像もできないほど大きく、それでも疲れたからといっ

て、悩んだり迷ったりしている暇はありません。

だからこその「原点」なのです。

この先どこに向かって進むべきか。

何のために働こうと思ったのか。


過去を振り返ることで、いまの自分を見つめ直し、未来に向かうバネにする。

それがいちばんの心の癒しであり、明日からの奮起にもつながるのです。

会話やお酒でホッとひと息つくのもストレス発散にはなりますが、ときには自分の原点の地を訪れてみてはいかがでしょうか。

このような場所は、誰にでも必ず一カ所や二カ所あるはずです。

当時の気持ちを思い出し、明日からまた頑張ろうという気持ちが生まれるはず。

それが心の癒しとなって、ストレスを解消してくれます。

——原点の場所こそ、癒しの場

24
悩み・不安

三流　一人で抱え込む

二流　友人に打ち明ける

超一流　地上を見下ろす

悩みや不安は仕事のパフォーマンスを低下させ、心身に悪影響をもたらします。

とくに真面目で責任感が強い人ほど、悩み・不安を人に見せたくないと抱え込んでしまいます。そんな状態のままだとせっかくの休日がきても、

「同期と自分を比べると自信がなくなる」

「いまの職場で働いていていいんだろうか」

「どうして自分ばかりうまくいかないんだろう」


などと一人悩んでいては気が休まりません。自分自身を追い込んでしまい、うつなど、より深刻な状況に陥ってしまうこともあります。

なかには友人に悩み・不安を打ち明ける人もいます。

モヤモヤを吐きだすのは、心の負担を軽くする有効な手段です。

ただし、家族や同僚、飲み友達相手の相談で的確なアドバイスを得るのは難しいでしょう。場合によっては、一時的な気晴らしに終わってしまいます。

こんなとき超一流は、視点を変えようとします。

大きなものとの対比で悩みを矮小化したり、別の角度から見てそれまで気づかなかった解決策を得ようとするのです。

成功者たちも悩みます。つねに大きな責任を背負っているからこそ、人知れず悩んだり、不安に駆られることもあるのです。

私のお客様のなかには、悩みや不安を抱えたときに必ず高いところに行くという方がいます。その方の場合は、地上２００メートルほどの高層ビル。そこから周りを見渡すことで、

「ここから見えるビルの窓一つひとつに人がいて、自分もその豆粒の一人に過ぎない。そんな自分が抱えている悩みなんて、きっとちっぽけなものなんだろう」

と思い、悩み・不安が小さくなって心が軽くなるといいました。

悩み・不安に凝り固まっていると、自分のことしか見えなくなります。

ただし、世の中の広さを再認識することで、広い視野を取り戻すことができるのです。

都会には、高層ビルがいくつもあります。

高層ビルがなければ、丘の上の展望台でもかまいません。

はじめのうちは、自分の小ささが胸に迫り、もしかしたらつらさを覚えるかもしれません。

それでも日々の習慣として繰り返すうちに悩み・不安を小さく感じ、毎日の心の安定に役立てることができるはずです。


——視点を変えると、思わぬ解決策が見つかる

25
気晴らし

三流 つねに挑戦したい

二流 できれば実益を求めたい

超一流 達成感さえあればいい

没頭できる趣味があるというのはいいものです。

休日に趣味を楽しんだ人の話を聞くと、なんともスッキリした表情をしていて、いい気晴らしになったんだなとわかります。

ところが、この趣味も目的を誤ってしまうと、かえって疲れやストレスをためこんでしまいます。

よくあるケースが、難しいチャレンジをしてしまうことです。

たとえば、初めての登山で難易度の高い山を目指す。ジョギングを始めたばかりでフルマラソン完走を目指す……。

何かと目標設定が高いのです。

実力がともなっていないのに、いきなりトップを目指すのは難しい話です。チャレンジ精神は大事ですが、失敗が続けば、心が折れて余計ストレスをためてしまいます。三日坊主に終わりがちなのが三流の特徴です。

二流は趣味に実益を求めます。

ワイン好きが高じて有料セミナーを企画したり、共通の趣味の人を集めて人脈づくりの交流会を開いたりするようなケースです。

ただ、実益を兼ねようとした場合、その実益が得られないと徒労感を感じます。

実際、私の知り合いで、ゴルフが趣味という人がいました。

休日になると得意先との接待ゴルフに熱心になっていたのですが、ある日、期待したほどの営業成果が見込めないことがわかり、「こんなことなら行かなきゃよかったよ」とタメ息をついていたことがあります。


その点、超一流が求めるのは達成感だけ。

難しいチャレンジはせず、確実に成果が出る趣味を選びます。

なぜなら、気晴らしとは、休日に気持ちよく過ごすのが目的だからです。

たとえば、釣りが趣味の場合、タイやヒラメなど難易度の高いものは狙いません。アジなど比較的、簡単に釣れるものを狙います。


人によっては成果が出るよう前もって仕掛けをしておくこともあります。

釣りであれば、クルーザーに魚群探知機など良い結果が出る万全の機材を積んでおく。ゴルフであれば、知り合いのレッスンプロに同行してもらい、良いスコアを出すためのアドバイスをもらう。

良い結果が出ると、それだけで心が満たされます。

周りの人たちとの会話も弾み、いっそう充実した気持ちになります。楽しかった記憶しか残らないので、「またやりたい」という意欲が生まれ、長く楽しめるのです。


気分転換をしたければ、楽しむことに徹してみてください。

テニスや将棋のように、勝ち負けがつきものの趣味もありますが、上手に楽しんでいる人を見ると、「今日はいいラリーだった」「初めてあの技ができたよ」などと、できたことにだけ目を向けていると気づきます。

達成感は最高の気晴らしになります。

その結果、長続きできて腕前も上達するのです。

――「楽しむこと」に徹してみよう

26

雑念

三流　ゲームで払う

二流　ＳＮＳで払う

超一流　靴磨きで払う

集中が途切れてしまったということ、ありませんか？

誰だって悩み事や不安があると、目の前のことに集中できません。

簡単な書類をつくるにも、トイレに立ったり、コーヒーを飲んで休憩したり、余計なことばかりしてしまって、肝心なことには手が付かず、ストレスをためてしまいます。

こんなとき誰もが、気分転換を図ろうとします。

しかし、間違ったやり方をしてしまうと、ただ時間を浪費して疲れをためこんでしまうのです。


ついやってしまうのがゲームです。

最近はスマートフォンでいろいろなゲームを楽しめます。

ところがゲームというのは誰もがのめり込むようにできていて、ずるずる長引いてしまいがち。気がついたら時間だけ経っていて、気持ちのリセットどころか、時間をムダにしたと後悔するでしょう。

本来の目的を忘れて、没頭してしまうのは残念ながら三流です。

二流は仕事のプラスになればと、ＳＮＳをやります。ツイッターやフェイスブックの友だちの書き込みを見て、「あいつも頑張っているから自分も頑張ろう」と思えればいいですが、友達のリア充ぶりを見て「自分はこんなに苦労しているのに」とストレスを感じることもあるでしょう。自分の投稿に対する「いいね！」の数を増やすために、ＳＮＳに振り回されて一喜一憂する人もいます。これも精神衛生的に望ましいとはいえません。

では、超一流はどうするのか？

超一流がよくやっていることが「靴磨き」です。

汚れを落とすという一点に集中できるので、頭を空にして雑念を払うには最適です。短時間で確実に終わるので、のめり込む心配もありません。

履いている靴をすぐ磨けるよう、オフィスに靴磨きセットを一式置いている方もいます。休日ともなれば、時間があるときに靴磨きにあてています。

靴を磨いていると無心になれて、この靴のおかげで自分は仕事できているんだという、普段は考えもしない物に対して感謝の気持ちも湧いてくるといいます。

超一流は靴以外にも、身の回りのあらゆるものを磨いて雑念を払います。パソコンやスマートフォンの画面、フォトフレーム、絵画の額、窓ガラスやフローリングの床を磨くという方もいます。

「磨く」という作業は一種の精神修行です。修行僧が廊下や本堂をピカピカに磨き上げるのは、雑念にとらわれにくい心を鍛えることができるからです。

超一流の気分転換法を、私たちもマネしない手はありません。

オフィスで靴磨きはさすがに難しいかもしれませんが、スマホや腕時計、メガネなど、身の回りの小物なら、すぐにその場で磨くことができます。

短時間で集中力を取り戻せるだけでなく、身だしなみを整える役にも立つ、まさに一石二鳥の気分転換です。

――磨く作業が雑念を払う

27

リフレッシュする場所

三流　飲み屋ばかりの歓楽街

二流　田園風景が広がる農村地

超一流　波の音が聞こえる海辺

心が疲れてくると、誰もがストレスを発散したくなります。

しかし、間違ったやり方で、かえって疲れをためこんでいる方がじつに多いのです。それは休日に訪れる場所を見れば、おのずと明らかになります。

ありがちなのが、仲間と居酒屋に繰り出すパターンです。

休み前になると、意気揚々と飲み屋が集まる歓楽街へ繰り出すという方も多いのではないでしょうか。

しかし、楽しいのはその一時だけ。人声や物音がする騒がしいところだと、気持ちが落ち着きません。つねに気が張りっぱなしです。飲んだ翌日はカラダが重いという方も少なくないでしょう。

そこへいくと、二流や超一流は、都会の喧騒を離れてのんびり過ごそうと、自然がある場所へ向かいます。ただし、自然に何を求めるのか、そこでどのような過ごし方をするかという点で、大きな違いがあります。

二流はたいてい農村です。

自然に囲まれたスローライフに憧れて、郊外に農園を借ります。

たしかに自然には癒しの効果がありますが、農園となると話は別です。

農作業は意外と重労働で、最初は面白がっていた家族も、そのうち虫や土いじりを嫌がるようになり、自分自身も仕事が忙しいのを口実に通うのが億劫になってきます。「行かなくちゃ」という義務感や、放りっぱなしにしている後ろめたさを感じるようになり、少しずつ負担になってくるでしょう。

一方、同じ自然でも、超一流が向かうのは海辺の別荘です。クルージングやサーフィンといった、海ならではのアクティビティを楽しむのだろうと思われるかもしれませんが、まったく違います。むしろ「何もしない」ことを楽しむのです。

私のお客様に、世界50カ所に別荘を持っている方がいます。風光明媚な山荘もあれば、スキーを楽しむための別荘もありますが、疲れたときにふらりと訪れるのは、決まって海沿いの別荘です。そして何をするでもなく、波の音を聞きながら、一日中、本を読んで過ごすのです。

広大な海の景色を見ながら日常を忘れ、波の音を聞いて過ごすことで、脳の興奮を鎮め、心身ともにリラックスするのです。
有名なリゾート地が海沿いにあるのも、そうした理由です。まずは海を見ながら心身を癒し、クルージングや釣りといった遊びは気が向いたらすればいい。心身をリフレッシュした後ですから、いつも以上に楽しむことができるでしょう。伊豆や熱海といった国内のリゾート地なら、温泉という癒しの要素もあります。

普通の人は「これもしたい、あれもしたい」と、遊ぶことを目的に考えます。でも、それでは「これもあれも」と仕事に追われる日常と変わりません。たまには癒されることだけを目的に、海辺に行ってみてください。波の音を聞きながら「何もしない」時間を過ごすことこそ、あなたのストレスを消し去り、最高のリフレッシュになるのです。

――波の音を聞きながら心を落ち着けよう

28

仲間

三流　グチを言い合う仲間

二流　夢を語り合う仲間

超一流　肯定してくれる仲間

仲間と過ごす時間は楽しいものです。

疲れたときに「久しぶりに会いたいな」と思うのも仲間がいてこそ。

休日も仲間がいることで、さらに充実します。

ところが、この仲間も相手によっては、モチベーションに大きな違いが出てくるのです。

たとえば、会社の同期など、気の合う者同士で集まったとします。

最初はお互いの近況報告や趣味の話題で楽しく盛り上がっていても、最後はたいていグチの言い合いになってしまいます。鬱憤を晴らして、少しはストレス解消できますが、それでも晴れやかな気分にはなれません。

一方、仕事ができるビジネスパーソンは、自ら仲間を求めて外に目を向けます。積極的に交流会や勉強会に出かけ、仕事の理想や夢を語り合える仲間に出会って、人の輪を広げようとします。

私も何度かそんな交流会に参加したことがあります。

参加者はさすがに意識が高く、二次会の居酒屋に移ってからも、熱く語りあっていました。でも、最後はたいてい「お互い頑張ろう」で終わり。

どんなに素晴らしい夢や理想も、語り合うだけならただの発表会です。前に進むことはなく、結局何もできない自分にマイナスの気持ちだけが残るでしょう。

では、超一流はどうでしょうか。

超一流はつねに自分を肯定してくれる仲間と集まります。

実際、彼らの会話を聞いていると、「今度こういう本を書こうと思うんだ」「すごいですね、絶対ヒットしますよ!」とか、「こんな新規事業を立ち上げるつもりだ」「正解だと思いますよ」などと、超一流の言葉を肯定する人ばかり。

正直、「こんな人たちに囲まれて大丈夫なのか」と思ったこともあります。

しかし、それは超一流の立場を考えると納得がいきます。

超一流は、どんな決断をしようとも、すべての責任は自分にあると思っています。それゆえ「この投資を進めるべきか」「会社のこの部門を縮小すべきか」といった重大な判断を前に欲しいのは、自分の背中を押してくれる言葉なのです。

おべっか使いという意味ではなく、つねに自分を後押しして、自分の能力以上の力を発揮させてくれる仲間を求めているのです。

もちろん、その言葉に押されて動いた結果、失敗することもあるでしょう。ただし、最終的に決断したのは自分自身。失敗しても自分で責任を取り、次につなげればいいのです。

私たちが1個の仕事の精度を上げている間に、超一流は10個を考え、実行に移さなくてはなりません。つまり、超一流にとっては立ち止まることがリスクです。結果を出して、つねに前に進み続けるためにも、自分の実力以上の力を引き出してくれる、いわば「勘違いさせてくれる仲間」が必要なのです。

仲間とは、前に進むモチベーションを高めてくれたり、ときには手助けしてくれる存在です。そんな仲間がいれば、困難な仕事にも意欲を持って立ち向かえるようになるでしょう。

——良き仲間は休みを充実させる

第 4 章

習慣編

29

健康ブーム

三流 世間の流行に飛びつく

二流 とくに一級品にこだわる

超一流 自分に合うものを取り入れる

昨今は健康ブームが高まり、さまざまな健康ノウハウが出回っています。

世間で流行になっていれば、真っ先に飛びつくという方も多いでしょう。

ココナッツオイルが良いといわれればすぐに試し、歩くのがいちばんとなれば気合いを入れてウォーキングを始める……。


しかし、自分に合った健康習慣を探すのであれば、効果を検証しないと意味がありません。すぐ流行に飛びつくスタイルは三流といえます。

一方、二流はただ流行に乗るようなことはしません。

「ココナッツオイルならフィリピン産バージンオイルだよね」と一級品にこだわります。その根拠は科学的かどうかより、ブランド意識に左右されます。

二流・三流ともに、自分の健康習慣につながるかどうかという視点は持たず、世間で良いといわれているものは、自分にも効くだろうと考えるのです。

では、超一流はどうでしょうか。


超一流は「自分のカラダに合うもの」だけを選びます。

体質や健康状態と照らし合わせて効果のほどを検証し、パフォーマンスに効き目があると判明したら続けます。

つまり、「カラダに合う」という根拠を洗い出し、十分に納得してから取り入れていくのです。逆をいえば、自分のカラダに合わなければ、どんなにブームになっていても見向きもしません。

私のお客様にも、体質や体調に合った健康法を実践するため、カラダの精密検査を行う方がいます。遺伝子やミネラルバランス、血液などを検査し、「仕事や暮らしのパフォーマンスを上げるため、自分のカラダにいま何が足りないのか、どのような栄養素が必要なのか」を把握します。

その上で「最近は鉄分が足りず、集中力が持続しないので、鉄分を多く含む食材を積極的に取ろう」と方向性を見定めたり、「このサプリメントを試したら目覚めがスッキリし、集中力も高まった。自分に合うようだ」と具体的な効果を確認して習慣的な摂取を始めたりしています。

もちろん検査の結果は、自己流で判断せず、ヘルスケアアドバイザーなどに相談しながら適切なものを能動的に選んでいきます。
大切なことは、世間の評判に流されず、自分自身で検証を重ね、事実の裏付けをベースに、自分に合った健康習慣を見つけ出すことです。

私の会社にもそういった超一流に助言を行うプライベートヘルスケアアドバイザーがいます。

仕事でパフォーマンスを上げるため、自分が健康になり、ずっと元気で暮らすためにはどうしたらいいかという方の相談に日夜乗っています。
当社のプライベートヘルスケアアドバイザーは、多額の費用がかかりますが、一般の方でも、こうした検査だけであれば比較的低価格で受けられます。
流行に流されず、自分のカラダを理解してから、効果のある健康習慣を始めるために、一度試してみてはいかがでしょうか。

——「流行」より「カラダ」に合うかどうか

30

食事

三流　好きなものだけを食べる

二流　栄養バランスを考えて食べる

超一流　あえて何も食べない

疲れないカラダをつくるには、食事への気配りも大切です。

自分の好きなものだけを食べるのが三流だとすると、二流は栄養バランスを気にします。お肉だけ、魚だけ、野菜だけといった偏った食事はしません。前後の食事バランスを考え、カラダに必要と思う食材を取るようにします。

二流・三流は「食べること」でカラダの調子を整えようとしますが、超一流は「食べないこと」でカラダの調子を整えようとします。

たとえば週一回、24時間のプチ断食をしたり、休日の数日間だけ特定のジュースしか飲まなかったりするなど、断食や食事制限を行います。


そもそも人の活動において、エネルギーの消費が大きいのが「消化」です。

人間は毎日食事をして、食べたものをエネルギーに変えますが、そのための消化にもじつはエネルギーを使います。

つまり、食事とは見方を変えれば、内臓に負荷をかけてエネルギーに変える行為ともいえるのです。食べ過ぎによる胃もたれなどは、内臓に負荷がかかり過ぎた結果です。これではコンディションも万全ではありません。

そこで、超一流はあえて食べないことで内臓を休ませ、カラダのパフォーマンスを上げようとするのです。

最近だと、炭水化物を抜くという人をよく見かけます。

炭水化物を摂り過ぎると眠くなり、思考を妨げるというので、少し足りないくらいの状態をキープして、頭の回転を早くしようとするのです。

そうすれば、空腹にはなるものの、カラダへの負担が少ないので疲れにくくなります。

このようにわずか一日の断食や食事制限を意識することで、疲れにくいカラダがつくれるのです。定期的な断食や食事制限によって、体内にたまった毒素を出すデトックス効果も期待できます。

断食をするタイミングは、比較的、休日が多いです。

平日は食事をしながらの打ち合わせがあるので、オフの日や誰とも食事をともにしない日など、それぞれのタイミングで行います。

また、当然ですが、超一流はプロによる指導を受けています。健康維持や栄養面を考慮して、医師などのアドバイスを受けながら断食や食事制限をするようにしましょう。

大半の方は「食事=空腹を満たすもの」と短期的な見方でとらえています。

ですが、超一流は、10年後、20年後のカラダの状態を考えて、その日の食事の摂り方を決めています。

バランスよく栄養を摂取するだけでなく、定期的な断食や食事制限などで内臓の負担を抑え、体内の毒素を出すことで、カラダのパフォーマンスを長期的に維持する。

これが超一流の食事に対する考え方なのです。

――食べるだけがカラダの維持ではない

31

運動

三流　たいてい三日坊主

二流　休日だけジム通い

超一流　日常に組み込んでいる

疲れにくいカラダをつくりたければ、基礎体力を上げることです。

パフォーマンスが安定しますし、短時間の休憩でも質の高い休みが得られます。

運動不足を解消するためにも、適度にカラダを動かす機会を設けたほうがいいといえるでしょう。


大半の方は運動しようと思い立つと、いきなりムチャな計画を立てます。

「ジムで毎日1時間走るんだ」と高い意欲をみせますが、いきなり気持ちだけでやろうと思っても、結局は三日坊主になってしまいます。

なかには、平日は難しいから、休日ジムに通うという方もいます。

ジムならば、トレーナーに支えられて続けられるかもしれませんが、休日は何かと用事が入ってきます。必ず通えるという保証はどこにもないので、徐々に足が遠のき、気づけば月会費だけを支払っているということもありえるでしょう。

二流、三流は、自分の意志に頼った計画を立ててしまいますが、超一流は、最初から自分の意志が弱いことを知っています。

なので、日常に運動を組み込む方法を考えます。

ある方は、お抱えの運転手がいるにもかかわらず、近場の用事であれば、一人で自転車に乗ってサッと出かけてしまいます。

運動を日常に組み込んでいるので、運動が苦になりません。気分転換やリフレッシュの一種になります。

また、ある方は、普通に生活するだけで運動になる家に住んでいます。

自宅が4階建て。リビングや寝室などの主要なお部屋が、各フロアに散らばるよう意図的に設計されています。トイレに行くにも階段を使わなければならず、慣れない人はとても疲れる家なのです。

ですが、これは見方を変えると、その家に住んでいるだけで、運動できてしまうともいえます。「エスカレーターよりも階段を使おう」「一駅くらいなら歩こう」という、運動のためのちょっとした工夫と同じ発想です。

日常生活に運動を組み込むことで、自分の意志が弱くても、運動せざるを得なくしているのです。

超一流は、自分の意志が弱いことを自覚しています。

継続が難しいことを知っているので、運動を習慣化するより、日常に少しずつ組み込んで「仕組み化」しているのです。

「つねにコンディション調整をしている」状態ができあがっているため、自覚せずとも基礎体力が上がり、健康を維持できるのです。

超一流のなかには、年齢を重ねても、若々しく精力的に活躍されている方がたくさんいます。それは必要な運動を日常生活に取り入れ、健康を維持しているからです。だからこそ超一流は、二流、三流の方が運動のために割いている時間を仕事やプライベートに有効活用できるようになるのです。

――運動は日常生活に組み込もう

32

体調管理

三流 具合が悪くても病院に行かない

二流 具合が悪くなったら病院に行く

超一流 具合が悪くなる前から病院に行く

休みを有意義なものにするかどうかは結局、本人の体調管理にかかっています。日頃から体調管理ができている人は人生を輝かしいものにできますが、体調管理ができていない人は、仕事もプライベートも充実しません。

体調管理で残念なのが、カラダの具合が悪くても病院に行かないケースです。しかし、これではかえって風邪が悪化し、仕事の生産性がガタ落ちするかもしれません。周囲の人に風邪をうつしてしまい、厄介者扱いされてしまうことも。

これでは三流の体調管理と言わざるを得ません。

二流の場合、体調の異変を感じたらすぐに病院に行きます。いまは症状が軽くても、この先、悪化するかもしれません。

二流は日常的にカラダを動かし、食事の栄養バランスにも気遣っています。そのぶん、三流の体調管理よりは優れていて、病気にもかかりにくいと考えられます。ですが、これでもまだ超一流とは言えません。

超一流は、体調を崩す前に病院に行きます。

彼らは「生き生きと働けている状態」が健康だと考えているので、その状態を維持するために全力を尽くします。疲れを感じていなくても、メディカルサロンでニンニク注射を打ったり、必要なミネラル成分を摂取したりして、エネルギッシュに動けるカラダを維持します。

頻繁に定期検診を受け、病気の兆候を見つけ出そうともします。

人間ドッグは1年に1回が普通ですが、超一流は3カ月に1回の頻度で受診します。仮に検査で1日休んでも、たとえば、がんの早期発見ができてその場で切ってしまえれば、将来的に長期で休む事態を回避できます。

つまり、長く休まないためにも、少し休んで病院に行くのです。

ここがカラダの異常を感じてから病院に行くかどうかを決める二流、三流と決定的に違うところです。

超一流は、自らの体調管理を徹底的に行います。

病気になったときの対処法だけではなく、病気にかからない方策を考えることで、仕事のパフォーマンスを下げないようにしているのです。
将来、病気で1カ月間休むことのないように、明日の1日を人間ドッグに費やす。そんな休みの取り方ができれば、超一流に一歩近づきます。

——体調管理は健康なときほど大事

33

スケジュール帳

三流　アポイントの予定を書く

二流　自分の仕事の予定を書く

超一流　その日の休憩の予定を書く

「休むときは計画的に」というのが、仕事のパフォーマンスを上げる鉄則です。

超一流は一日の行動においても、仕事の予定が決まる前にあらかじめ休む時間を決めてしまいます。休みを計画的に取ることが仕事のパフォーマンスを上げる秘訣だとわかっているからです。

しかし、三流は「14時　Aさんと打ち合わせ」「19時　職場の親睦会」などと、スケジュール帳に相手とのアポイントの予定だけを書き込みます。

基本的に相手を優先するので「この時間、空いている？」と訊かれると無条件でそこに予定を入れてしまうのです。ただし、このままだと一人で集中すべき時間やリフレッシュする時間が圧迫されてしまいます。

一方、仕事ができる方は、「相手との予定」だけでなく「自分の予定」も書き込みます。この手の方は、予定がないと不安で、スケジュール帳が真っ白になるのを怖がり、ついスケジュールを詰め込んでしまいます。

ですが、こんな方のスケジュール帳は二流です。

自分でスケジュールを管理しているつもりでも、詰め込んだ結果、休みが後回しとなり、仕事のパフォーマンスを下げてしまうことになるからです。

超一流のスケジュール帳には、一日のスケジュールにおいても、小休止レベルの休憩が書き込んであります。

前にも述べた通り、人間の集中力が持続する時間は非常に短く、もっとも集中した状態では50〜90分と言われています。したがって4時間、5時間と仕事を続けていると、どうしてもパフォーマンスが落ちてしまいます。それゆえ、どこかで無理にでも休憩を入れる必要があるのです。

スケジュール帳に休みを記入することで、「この日に休みを入れるから、それまでは仕事の量を増やそう」と客観的な視点で自らの予定をコントロールできます。過労によるパフォーマンスの低下を、未然に防げるのです。

あらかじめ定期的な休みを記入しておくのも、超一流によく見られます。

たとえば、水曜日には絶対に人と会わないという方がいます。

丸一日アポイントを入れずに、仕事に一人で没頭する時間をつくるのです。また、連続したアポイントを絶対に入れない方もいます。午後、人に会ったら、その合間にはブレイクを入れるように秘書に指定するのです。

表立って「休む」と公表しにくい方は、会社の共有スケジューラーなどの書き込みを工夫するのも有効です。旅行を「出張」と記入する、休憩や休日を「準備」と書き換えるようなことは、私も実践しています。余計な詮索をされにくくなり、堂々と休めるようになります。

スケジュール帳を使って休みを「可視化」すれば、バランスよく休めるようになります。超一流は、仕事と休みのバランスを可視化しているのです。

自分が最も高いパフォーマンスが出せるようにスケジュールを調整する。超一流のスケジュール帳は、そのためにあるのです。

――休みは可視化して把握せよ

34

子ども

三流　傍観者として見守る

二流　我慢して遊んであげる

超一流　手加減せずに全力で遊ぶ

子どもと休日をどう過ごすか。親にとっては悩ましい問題です。一人でのんびり過ごしたい気持ちもあるでしょうし、せっかくの休みだからこそ疲れるのを承知で遊んであげたいという気持ちもあるはずです。
じつはこんなときに我が子とどう接するかで、その人が休み下手かどうかを見極めることができます。

残念な対応が子どもを公園に連れていき、「そこらへんで遊んでいなさい」と放置するケースです。一見、子どもと遊んでいるように見えますが、自分は傍観者の役割しか果たさず、ただボーっと過ごすだけ。頭の中では「家で横になっていたかったなぁ」と後ろ暗い気持ちをひきずります。
子どもは親と十分に遊べず、親も気持ちがスッキリせず、お互いに不満が残る休日と言えるでしょう。これこそ三流の休み方です。

一方、子どもと一緒に缶蹴りやサッカーなどに興じる方もいるでしょう。大好きなお父さん、お母さんと一緒に遊べて子どもは大満足。子どもにとっては最高の休日です。ただ、一部の方は、一人でゆっくりしたい気持ちを我慢しつつ、子どもと遊ぶのでヘトヘト。やや疲れた休日の過ごし方になってしまいます。夜になると、どうしても疲労感が漂ってしまうでしょう。

では、どのように休日を過ごせばいいのでしょうか。

理想は親と子ども、両方の満足度が高くなるような休みを過ごすことです。あれこれ考えず、子どもと全力で遊んであげれば、充実感があります。多少疲れがあっても、それは運動後のような後をひかない、気持ちの良い疲労になります。同じ疲れでも、翌日にひきずるような疲れにするのか、爽快感ある疲れにするのかを考えることが大切です。

こうしたことをわかっているので、超一流は子どもと本気で遊びます。缶蹴りでもサッカーでも、子どもに混ざって手加減せずに全力で遊ぶのです。童心に返って無邪気に遊ぶことで、親目線でもいいリラックスになります。仕事や人間関係などで悩んでいた気持ちもリセットできるのです。

これこそ子どもと過ごす理想的な休日でしょう。

二流、三流はどうしても子どもに合わせた休日を過ごしてしまいます。

それゆえ「子どもに付き合ってあげている」という気持ちを無意識に持ってしまい、疲れてしまうのです。

親子が一緒に夢中で遊べば、いいリラックスの時間となります。

ストレス解消になり、仕事のパフォーマンス向上にもつながるのです。

自分のモチベーションアップと子どもの満足度アップ、両方が満たせる休日を過ごしてください。

——子どもと遊ぶときは全力がいい

35

会食

三流 有名レストランを予約する

二流 老舗の料亭を予約する

超一流 あえて自宅に招待する

接待や打ち合わせには、リラックスできる「空間」が重要です。落ち着いた雰囲気で会話を楽しみながら食事をすると、肩の力も抜け、心の距離もグッと縮まります。うまく話がまとまれば、仕事のパフォーマンスも上がってくるでしょう。

会食の場所として、よく有名レストランを予約する方がいますが、そういうお店はたいてい人の出入りが激しいものです。優雅に食事をとり、落ち着いて話をする本来の目的には合いません。

では、落ち着いた老舗の料亭を選べば、それで超一流なのでしょうか。

たしかに料亭なら、ゆったりと食事をしながら話ができます。

しかし、老舗の料亭でも普段あまり行かないようなお店だと、肩に力が入ってしまいます。お互い固くなったままでは、関係性を築くことはできません。

お店や料理の品質にこだわって場所を選ぶのは、残念ながら二流の考え方です。

その点、超一流は、ゲストを自宅へ招待します。

誰かと親睦を深めるために自宅ほど最適な場所はありません。自宅は生活空間ですから、飲食店に比べればはるかにリラックスできます。ほとんど人の出入りがないので、精神的に快適でもあります。

私のお客様にも、千葉県の金谷の海沿いに別邸をお持ちの方がいます。その方は毎週欠かさず別邸を開放し、仕事のメンバーとささやかなパーティーをするのですが、食べるのは決まって鍋。それもごく一般的な食材を使ったもので、高級食材は使っていません。その代わりに家を提供して、みんなでのんびり過ごして、泊まっていくこともあるそうです。その方は「一週間の疲れを癒やしてほしい」という心遣いから、そうした場を設けているのです。

料理が上手い場合もあれば下手な場合もありますが、それよりも超一流は自分でつくることにこだわります。それも味噌汁や焼き魚といった素朴なものです。鍋などの大人数で楽しみながら食べられるものも好まれます。

ある程度の形式や料理の質が求められるときは、ケータリングや出張シェフなどを利用することもあります。

重要なのは、「ホッとする空間で食事を一緒にする」ということです。

リラックスできる空間を共有することで、親近感と連帯感が生まれます。

二流、三流の方はどうしても料理の質にこだわってしまいがちですが、重要なのは、相手も自分もくつろげる空間できちんと話をすること。

超一流は、そうした空間と時間を大切にしているのです。

ゲストを自宅に招くと、相手の記憶に残りやすいというのもポイントです。

仕事の相手を自宅に招くことで、「仕事でのつながり」が「プライベートでのつながり」にランクアップします。そうして少しずつ深いつながりができていくことが、やがて仕事に少しずつ好影響を与えるようになるのです。

——高級料亭より快適な自宅がいい

36
お酒

三流　飲み過ぎて二日酔い

二流　次の日を考えてセーブ

超一流　相手に気分よく飲ませる

〝飲みニケーション〟と言われるように、お酒を介して人とうまく付き合えば、仕事を発展させることができます。

お酒を飲む相手には、仕事の取引先もいるでしょうし、これからビジネスをともに始めるパートナー候補もいるでしょう。あるいは気のおけない友人と旧交を温めることもあるかもしれません。

そうした相手と飲むとき、いったいどんなことに気をつけるべきでしょうか。


飲んで、騒いで、翌日は二日酔い――。

これは三流の飲み方です。自分のストレス発散が目的なので、自分だけが楽しく飲んでしまい、それでおしまいです。

では、翌日の体調を考慮して、相手が「飲もう」と言っても断っていいのでしょうか。仕事相手とのコミュニケーションのための酒席で、いつも早めに帰るのは得策なのでしょうか。

翌日のパフォーマンスを考えて早めに切り上げるのはいいですが、相手の機嫌を損ねてしまっては本末転倒。酒席を設けた意義が半減してしまいます。

お酒が次の日に残らないように飲むというのは、まだまだ二流です。

その点、超一流は酒席の持つ意義をよくご存じです。どうすれば相手に気持ち良く飲んでもらえるのか気遣いを忘れません。

そもそも飲む「前」のお店選びの段階から工夫をしているのです。

たとえば、翌日にお酒を残さないように、閉店時間が早いお店をセッティング。相手に失礼にならずに酒席を早めに切り上げられるようなホテルのバー、料亭、銀座のクラブなどのお店を選びます。間違っても騒がしい居酒屋は選びません。

飲んでいるときも、お酒のペースをコントロールします。さりげないタイミングでお冷を出したり、「以前に飲んで、とても気に入ったんです」と低い度数のお酒を紹介したり。

お酒が弱い方は、相手にわからないように自分のお酒だけ薄めにつくってもらうなど、相手と同じペースでお酒が飲めるように工夫しています。

酒席の場所選びも飲み方も、すべてが戦略なのです。

なぜなら超一流は、「相手の本質を見抜くため」に飲むからです。

ただ自分が飲みたい、酔いたい、ストレスを解消したい、相手とコミュニケーションをとりたいという理由でお酒を飲みません。


いずれ深い付き合いができるかどうか。

自分を気に入ってもらえるか。

本心では何を考えているのか。

普段は見えづらい相手の深い部分を覗くために、酒席を設けます。

リラックスできる場所をセッティングして、相手のペースを考慮しながら、気持ち良くお酒を飲むのです。相手に気遣いをしながら、プライベートでの交流を増やし、先々のビジネスにつなげていく。

これが超一流の飲み方です。


――相手の本質を見極める、それがお酒の場

37

飲み会の席

三流 部下に気遣いを求める

二流 店側に気遣いを求める

超一流 周囲に気配りする

職場の懇親会やプロジェクトのキックオフなどで、飲み会をすることがあります。仕事以外の時間であり、リラックスする場になるとは思いますが、そうした場でつい〝先輩風〟や〝上司風〟を吹かしてしまうのは三流の方です。

飲み会のたびに「だからお前はダメなんだ」と部下や後輩を叱責すれば、本人は気持ちいいかもしれませんが、次第に敬遠され、参加する人がいなくなってしまいます。

一方で、「今日は楽しくやろう」と部下や後輩に寛容なものの、お店のスタッフには高圧的な態度をとる方もいます。

店員のちょっとしたミスにいちいち目くじらを立て、「お金を払っているのだからプロとしてしっかりとサービスしてほしい」と怒鳴り散らしてしまう。

これでは、楽しい交流の場である飲み会が台無しです。

その点、超一流は違います。

お店のスタッフにも気を配ります。

お店が混んでいると感じたら、飲み会を早めに切り上げて次のお客様に席を譲る。料理の提供が遅くても、お店のスタッフにやわらかく伝える。誰に対しても柔和に、丁寧に対応します。

なぜなら、そうした対応が巡り巡って、お店側からも大切にされるコツであると理解しているからです。

たとえば、私どものお客様に、来店されるたびに付け届けをされる方がいます。「今日は仕事の大切なメンバーと来たので、よろしくお願いします」と一言添えて差し入れをするのです。

もちろん、お店は大いに喜びますし、対応もほかのお客様とは違ってきます。料理をサービスで足してくれたり、いちばん静かな席を空けてくれたりなど、心地良い接客を受けることができます。そのおかげで仲間は喜びますし、差し入れをした本人も気持ち良く時間を過ごせます。場の雰囲気がぐっと明るくなり、お店からも「また来てほしい」と思ってもらえるのです。

その方と一緒に飲んでいるだけで癒やされる。

なぜか、こちらもホッとしてしまう雰囲気がある。

仕事の仲間にも、ビジネスパートナーにも、部下にも、お店にも気配りすることで、自分の周囲に「安らぎの空間」をつくります。

そうした配慮によって、同席した人は気持ち良い体験を共有できますし、全員の記憶に残るのです。

超一流の方は、そんな雰囲気づくりがとても上手なのです。

二流、三流の方は「誰かに気遣いを求める」ことに終止しがちです。

しかし、それでは気疲れが増えるばかりです。

心からリラックスしたければ、「自分たちだけが楽しむ」ではなく「自分は二の次、三の次で相手を楽しませる」ことです。

超一流の方は、飲み会のような大人数であっても、リラックスできる空間をうまく演出するのです。

――気配りが「安らぎ」をつくる

38

トイレ

三流　用を足してスッキリする

二流　インプットする

超一流　アウトプットする

日常のわずかな休憩時間であるトイレタイム。

英語で「レストルーム」というように、トイレは休息の部屋でもあります。トイレを単に用を足すだけの場と考えるのは三流です。

人が一日にトイレで過ごす平均時間は、男性で10～20分程度と言われています。一生分だと、8～11カ月。女性はその3倍です。

私たちは、想像以上に長い時間をトイレで過ごしているのです。

誰もが毎日必ず費やす時間ですから、有効に活用すべきです。


トイレタイムを有効活用しようとすると、つい何かをインプットする時間にあててしまいます。トイレに本を置いたり、スマホで電子書籍を読んだり、数学の公式などを張って暗記したり……。

私もビジネスに使える標語を張っていた経験があります。

机でウンウンうなっているよりも、なぜかすんなり入って来ます。

たしかにトイレはインプットの場として優秀なのです。

しかし、そうした使い方だけではまだまだ二流です。

超一流は、トイレをアウトプットに利用します。

トイレにメモ帳を置いている超一流の方を、私は数多く知っています。

何を書いているのか見せてもらうと、新しい事業のアイデア、仕事でこれからやるべきことなど、思いつき次第、メモ帳に書き込んでいます。


ある方は、トイレに本棚やデスクを設置してしまいました。

あくまでもトイレなのですが、書斎として使うことも多いようです。

本棚には書籍のほか、長年貯めてきたアイデアノートがビッシリと詰まっています。「仕事で思い悩んだとき読み返して思索に没頭するんだ」と言っていました。長いときは数時間もトイレで過ごすそうです。


良いアイデアは、仕事から離れたタイミングで思いつくことが多いものです。

そのためにトイレは最適な場所です。

トイレタイムは、ボクシングのインターバルにも似て、激しい戦いにさらされる外界からふっとひと息入れられる時間なのです。

日常にありながら、外界から完全に遮断される特殊な場所ですから、外界の情報を一度、まっさらに消し去ることができます。

それゆえ、仕事で凝り固まった頭をほぐすのに最適なのです。

トイレをうまく使えば、行き詰まった考えや視野をフラットな状態に戻すことができます。そこで思索し、アイデアを出すことにより、仕事のパフォーマンスも上がります。

そうした時間を活かすのが、超一流のトイレタイムです。

――トイレをとことん使いこなそう

39

寝場所

三流　漫画喫茶でいい

二流　カプセルホテルでいい

超一流　こだわりの寝具があればいい

カラダを休めるためには、睡眠が大切です。

にもかかわらず、意外と睡眠を軽んじている方が多いのも事実でしょう。

自宅でしっかり休めればいいですが、仕事の都合で急に外泊が決まることもあります。そんなとき、宿泊場所をおざなりに決めてはいませんか？

手軽だからという理由で漫画喫茶などに泊まるのは、言うまでもなく三流です。

たしかに個室でフラットな場所があれば、どうにか休めるかもしれません。

しかし、固いマットやリクライニングチェアではどうしても寝苦しくなってしまいます。周囲の雑音なども気になり、結局は疲れが取れないまま、朝を迎えてしまいがちです。

なかには布団と枕があれば、どこでも寝られるという方もいます。

最近ではカプセルホテルに似たホステルやゲストハウスといった安価に泊まれる簡易宿泊所が増えています。これらの施設は、昼寝だけとか、深夜に戻ってきて寝るだけと割り切れば、使い勝手の良い施設です。

しかし、休息を取ろうと思うのであれば、不向きです。自分が寝付いた頃に、突然、ほかの宿泊客のいびきに起こされたり、他人の携帯電話のアラームで早朝に叩き起こされることもあります。

また、何よりも睡眠の質を左右するマットレスが、安価な残念なものを使っているケースが多いのです。

疲れを取るという点では、「睡眠の質」を高めることが必要不可欠です。

そして睡眠の質を高めるためには「寝具」と「寝場所」にこだわり、自分好みの睡眠環境をつくることが大切なのです。

超一流はそのことをよく知っていて、睡眠にもきちんと投資します。

ベッド1つに1000万円を使って、オーダーメイドする方もいますし、プロスポーツ選手のなかには、こだわりのあるエアマットを遠征先に持参する方もいます。

自分のカラダにフィットするこだわりの寝具を用意するのは、疲れを取り除き、自分のパフォーマンスを維持するという発想です。

「これでしか眠れない」という〝眠りの必需品〟をつねに持ち歩いている方は意

外と多くいるのです。

そもそも人間は生涯の3分の1をベッドのなかで過ごすといわれています。その3分の1の時間できちんと疲れを取る以上、寝具にこだわるのは、超一流にとって当たり前のことといえるでしょう。


睡眠の目的は、疲れを取り、パフォーマンスを充実させることです。

多くの人は睡眠時間などの「眠り方」に注目しがちですが、それは体質によるので人それぞれ違います。

むしろ、寝具や寝場所など、環境を整えることを意識するのが超一流です。

自らのパフォーマンスを充実させるために、外泊といえども自らに最適な環境で寝られるようにする。

ぜひ皆さんも、「睡眠環境」に投資をしてみてください。


――カラダを休めたければ、睡眠に投資しよう

第 5 章

趣味娯楽編

40

映画・演劇

三流　テレビや動画で楽しむ

二流　映画館や舞台に足を運ぶ

超一流　本物を体感しようと本場に飛ぶ

最近、どんな映画を見ましたか？

映画や演劇は、エンターテインメントの世界にどっぷり浸かって楽しい気持ちになったり、感動の涙を流したり、爽快な気分になって新たな活力を得たりと、充実した時間づくりをサポートしてくれます。趣味としてはもちろん、休日の過ごし方としてもリラックス効果が高いといえます。

ただ、「テレビでやっているから見る」「動画配信サービスで無料放送されているから見る」という姿勢は三流の行動です。流されているものを受け身で見ているだけですし、見るという行為に目的意識もありません。


では、映画館や舞台へ実際に足を運んで鑑賞すればいいのかというと、単純にそうともいえません。

「カンヌ映画祭でグランプリを取ったあの話題作を観たい！」

そう考えて映画館でお金を払って鑑賞する。あるいは、動画配信の有料オンデマンド放送を見る。

こういった鑑賞法は「これを見たい」という目的意識があり、自分で作品を選択して見ているので三流よりはレベルが上です。

しかし「話題になっているから」という理由では、まだまだ受け身の姿勢で見ていることに変わりありません。

では、どんなふうに映画鑑賞や観劇をすればいいのでしょうか。

超一流は映画鑑賞や観劇をする際、2つのことを大事にしています。

1つめが「目的意識」です。

二流と違って、ただ単に「その作品が見たい」ではなく「この作品を見てビジネスのヒントにしたい」「人生にとって大切なことを学びたい」「最高のリラックスを手に入れたい」などと何かを得ようと思って、映画鑑賞や観劇に臨むのです。

2つめが「本物を見る」という点です。

公共ホールへ市民楽団の演奏を聴きにいくことが悪いわけではありません。

しかし、ブロードウェイという本場で厳しい目にさらされながら鍛え上げられたミュージカル、ウィーンやパリの歴史ある劇場で演じられる演劇やオペラは、根本的にレベルが違います。演者から裏方、ステージセットまでプロの気迫で固められた真のエンターテインメントには、見た人の価値観を変えるだけのパワーがあるのです。

充実した時間を過ごしたい、明日への活力を得たい。

そんな方は本物を見ることをオススメします。

自分の目で見て、肌で感じることができれば、人生を前向きに生きられる何かが得られるはずです。それこそ最高の休み方といえるでしょう。

——本物から明日への活力を得よう

41

ゴルフ

三流　スコアにこだわる

二流　人脈づくりに奔走する

超一流　相手を見極めようとする

休日の楽しみといえば、ゴルフです。

緑に囲まれたなかでカラダを動かし、一緒に回る人たちと親睦を深めるのは最高の息抜きになります。それと同時にゴルフは仕事に欠かせない〝ビジネスツール〟でもあります。

たとえば、一国の首相同士による「ゴルフ外交」は単に余暇を過ごすだけではなく、お互いの要求をいかに聞いてもらうかという交渉の場でもあります。

では、一般人が休日ゴルフを楽しむときに必要な視点とは何でしょうか。

「ゴルフに興じるのだから、1つでも高いスコアを目指したい」

そう考えてラウンドに臨むのは、三流のゴルフです。

個人的なスコアだけにフォーカスし、なぜわざわざ休日にビジネスパートナーとゴルフをするのか、その視点が決定的に欠けています。

一方、「ビジネスにプラスになる人脈を得るため」という方もいるでしょう。

たしかにステータスの高いゴルフクラブでは大企業や業界団体のお偉方、日頃はなかなか近づけないセレブたちと遭遇する機会も多くあります。

しかし、そのスタイルは二流です。

関係づくりにばかり気を取られてしまえば、ゴルフに集中できず気疲れしてしまいます。息抜きできず、次へつながるエネルギーの源にはなりません。

気分転換やリラックスという視点が欠けているのです。


その点、超一流はゴルフを「有意義なコミュニケーションの場」にしています。

プレーではなくコミュニケーションに意識を向けることで、終始和やかな雰囲気に包まれ、絶大なリラックス効果が得られるのです。

同時に、会話を重ねたり、相手のプレーやマナーを観察していれば、人柄やクセ、さらにはビジネスに臨む姿勢までもがはっきりと見えてきます。


たとえば、林越えを狙うとワンオンの可能性があるホールで、リスクを冒してショートカットに挑むか、リスクを避けるために刻んでいくか。その戦略の立て方自体がビジネスのスタイルを如実に表します。

バンカーに入れてしまったときも、無理をしていくつも叩きイライラするか、遠回りでもグリーンと反対の出しやすい方向に冷静に出すかで、トラブルに対応する姿勢が伺えます。コースを綿密に調べてくる人は、ビジネスでも準備を怠らない方という推測ができるでしょう。

このように相手を観察することで、自分のビジネススタイルにマッチする人物であるかどうかを判断できます。

ゴルフは人生の縮図ともいえます。

まずゴルフを楽しもうという意識で臨み、そのうえで相手がビジネスパートナーとしてふさわしいかを見極めようとするのが超一流のゴルフです。

せっかくの休日ゴルフなのですから、気分をリフレッシュし、ビジネスのパフォーマンスアップにつなげる意識が第一でしょう。

――相手を知るためのゴルフにしよう

42

音楽

三流　いま話題のヒット曲

二流　青春時代が懐かしい名曲

超一流　やる気に火がつく情熱曲

疲れたとき、落ち込んでいるとき、音楽は、人の心を癒します。

前を向いて歩き出すきっかけになるのです。

ビジネスにおいてもモチベーションのアップなどが期待できます。


音楽にはそれぞれの好みがあります。

ですから根本的には、自分にとって心地良い曲、感動する曲、元気になれる曲を聴けばいいでしょう。とはいえ、ビジネスパフォーマンスを上げるという視点で見るなら、音楽に対する意識も変わってきます。

たとえば、選曲を気にせず、いま流行っている音楽をなんとなく聴いているという方は三流です。これは映画や演劇の鑑賞と共通するところで、音楽を聴く姿勢が受け身であり、目的意識も存在しません。


一方で、意識が高い人は自分のパフォーマンスが落ちてきたときに聴く曲をちゃんと持っています。

その曲は学生時代によく聴いた青春ソングであったり、かつての恋人との思い出を甦らせるバラードだったりします。

昔の曲が悪いわけではありませんし、懐かしむこと自体が良くないわけでもありません。ただ、過去を振り返ると、どうしても意識が後ろ向きになってしまいます。ビジネスで成果を上げようと、前に向かって進もうというとき、気持ちをしんみりとさせる懐かしの曲は、あまりプラスになりません。

超一流はこうした曲によるモチベーションの上げ下げを熟知しています。

それゆえ気持ちが沈みそうなときは、あえて気持ちを奮い立たせてくれる音楽を聴くのです。

私のお客様の例を挙げると、商談や重要な会議に臨む前には必ず、「ロッキーのテーマ」を聴く方がいます。ビジネスを勝ち抜く力がカラダの芯から湧いてくるのだそうです。

また、別のお客様は、戦後の集団就職で東京に出てきて努力し、大きな財を成された方なのですが、上京した頃に自分を勇気づけるためにいつも聴いていた「東京ラプソディ」をいまでも大切にされています。毎朝目覚めると必ず聴いてエネルギーを注入しているのだそうです。

ＥＸＩＬＥでも、安室ちゃんでも、サザンでも、乃木坂46でも構いません。私自身はビジネスドラマ「不毛地帯」「半沢直樹」「ハゲタカ」のサウンドトラックで自分に力を与えています。超一流を目指すなら、とにかく心を高ぶらせ、前を向かせてくれる音楽を「持ち歌」にしてください。

毎朝目覚めの音楽に設定するのもいいですし、日曜の夜に聴いて翌日からのモチベーションを高めるのもいいでしょう。ここぞというとき自分を奮い立たせ、ビジネスにパフォーマンスをもたらす音楽を見つけてみてください。

――音楽で気持ちを奮い立たせろ

43

旅行の計画

三流　行き当たりばったり

二流　予定をギチギチに詰め込む

超一流　隣町に行く感覚でフラッと

長期休暇ともなれば旅行に行く人は多いでしょう。日頃の疲れを取り、気持ちをリフレッシュするためにも「非日常」が味わえる旅行は、休暇の楽しみの1つでもあります。

ですが、せっかくの旅行も向き合い方を誤ると、単に疲れて帰ってくるだけのものになってしまうのです。

よくある失敗が行き当たりばったりの旅行です。

旅行を計画するとき、たいていの人は数カ月前から日程と行き先を決めて備えます。ですが、日程と行き先を決めた後は、大半の人が現地で具体的に何をするか考えず、観光地をあちこち訪れ、その日の夜にはヘトヘトになってしまうというのがオチです。

本人は事前に計画しているつもりでも、傍から見れば無計画も同然。これでは旅行による休息の効果は少なく、むしろ疲れを蓄えてしまうだけ。

残念ですが、三流の旅行といえます

なかには「日程と行き先を決めたなら、どの観光地を訪れるか、どんな料理を食べるか、あらかじめ計画を立てておけばいいじゃないか」としたり顔で言う人もいます。しかし、こうした人は予定を詰め込むだけ詰め込み、ギチギチに組んだスケジュールを消化することだけで手いっぱいになりがちです。

帰ってきてドッと疲れたということも少なくありません。

計画を立てるのは褒められても、結果、疲れてしまっては旅行の効果は半減してしまいます。これでは二流の旅行です。

では、超一流は二流・三流と何が違うのでしょうか。

超一流は、二流や三流にありがちな旅行への格別な期待を抱きません。まるで隣町にでも行くように出かけるのです。

実際、私のお客様である超一流の方々は、思い立ったらフラッと海外に飛び出し、綿密な予定も立てず自由気ままに旅をします。

ある方は「サムゲタンが食べたい」と思ったら、それだけを目的にフラッとソウルまで飛びます。

サムゲタンを食べることだけが目的なので、ほかにアレコレ期待しすぎることはありません。期待値が高くないぶん、現地で遭遇した思わぬ出来事に予想外の感動を覚えます。観光ガイドに載っていないレストランにたまたま入ってみたら驚くほど美味しかった、お店の人も優しかったなどと、満足感を得て帰国します。

過度な期待をしないぶん、肩に力が入り過ぎず、いつもと変わらぬ感覚で旅行を楽しみ、気持ちをリフレッシュできるのです。

最近では、LCC（格安航空会社）があり、安い料金でフラッと海外や沖縄、北海道などへ出かけることができます。LCCを使いこなせば、たとえば大阪出張の翌日に関西空港から韓国や台湾に出かけることも簡単です。

せっかく旅行に行くのであれば、特段気合いを入れることなく、気軽に実行できるのではないでしょうか。

――期待し過ぎない旅行は楽しめる

44

キャンプの場所

三流 すべて完備された都会で

二流 コンビニ近接の大自然で

超一流 ライフラインがない山奥で

キャンプの醍醐味とは、「非日常」を体験できることです。休日にわざわざテントに泊まり、薪を組んでかまどで自炊し、キャンプが終われば、再び日常に戻ってくる。

こうした「非日常」と「日常」のギャップを味わうからこそ、いつもの日常に感謝し、心身のリフレッシュを実感できるのです。

こうしたことを理解しているかどうかで、おのずとキャンプについても三流、二流、超一流の違いが明らかになります。

たとえば、会社から30分以内でアクセスできるような大都会の真ん中、しかもテントがあらかじめ張ってあり、電気・水道・ＢＢＱ場も完備したキャンプ場でキャンプをするのは三流といえるでしょう。

何から何まで困ることがない便利な場所でのキャンプで、「非日常」を感じること自体がありません。慣れない環境で寝泊まりして疲れてしまうだけです。

二流は、山や海に近いキャンプ場に出かけます。

とはいえ、いまや地方のキャンプ場でも最低限のライフラインが揃っています。

テントだけでなく高級別荘顔負けのコテージが用意され、すぐ近くにはコンビニもあることでしょう。

これでは「都会の喧騒を離れた大自然のなかで過ごす」という効用を除けば、あまり三流のキャンプと変わりありません。

では、超一流のキャンプはどんなものなのでしょうか。

超一流はキャンプをするときに「何もないところ」に行きます。

電気も水道もガスもない、携帯電話もつながらない山奥や無人島など不便な場所にわざわざ出かけ、「非日常」で苦労する生活を体感します。火は自分で起こさなければなりませんし、水は川から汲んでこなければなりません。

日常とのギャップが大きければ大きいほど、普段の生活に戻ったときに「あぁ、休んだな」「素晴らしい休息だった」と実感するのです。

私のお客様で、電気・ガス・水道が通っていない山奥を毎年訪れる方がいます。

まず、かまどを掘り、そのかまどで火をおこすために斧を使って薪を割り、水は井戸から汲んできます。当然食材はすべて自分で運び上げます。シャワーもないので五右衛門風呂を沸かし、星空を眺めながら浸かっているそうです。

どれもこれも大変な作業ですが、そんな苦労を毎年経験するからこそ、いつもの日常に満足でき、この満足感が仕事のモチベーションを高めてくれるのです。

もし、キャンプに興味があるという方は、いっそ何もない不便なところで非日常を体験してみるといいかもしれません。

疲れてしまうかもしれませんが、キャンプを終えて「日常」に戻ったとき、いつもの暮らしに感謝し、ちょっとしたことにも疲れなくなっているかもしれません。

「日常」と「非日常」のギャップを味わうことが、気持ちのリフレッシュ以上のものをもたらしてくれるはずです。

——不便を知ると、いつもの日常が変わる

45

観光

三流　有名な観光地

二流　地元の穴場スポット

超一流　誰も知らない隠れリゾート

「休暇で金沢へ旅行に行ったんだけど、兼六園や近江町市場がものすごい混雑していてかえって疲れたよ……」

こういう話はよく耳にします。実際に旅先でどのようなスポットを訪れるかによって、得られるリラックスの度合いは大きく変わってきます。

三流は、やはり真っ先に一大観光地を訪れます。

有名スポットには、当然それだけの魅力があるわけですが、間違いなく大勢の観光客でごった返していますし、休暇の時期となればなおさらでしょう。

結局、リラックス効果も満足感も得られず、ひたすら疲れてしまったという方が多くなるのです。

一方で、二流は地元の人に教えてもらった穴場スポットを訪れます。

人混みも少なく、落ち着きそうな雰囲気はあるのですが、そういったところは目立った観光資源が少なく、せっかく旅行に来たのに、リラックスも気分転換もできずに終わってしまうことが少なくありません。

その点、超一流は、観光地化されていないリゾートに行きます。

二流と違い、超一流はその穴場を自分で見つけ出します。知られていない自分だけのスポットですから、ほかに観光客もいませんし、ゆっくりした時間を存分に楽しむことができます。

また、その場所で地元の風情や人々の生活を身をもって感じることで、「非日常」を肌身に感じ、心もカラダもリフレッシュします。日常生活とかけ離れた景色や人々の暮らしに、新たなエネルギーを感じることができるのです。

たとえば、インドネシアを訪れた場合、二流はまずジャカルタやバリ島を訪れ、夜はメインストリート沿いの観光客ばかりのお店で食事をします。

二流も、まずはジャカルタやバリ島に向かい、その後は地元の人から聞いた裏通りのレトロなお店や、郊外の景色がいい高台などを目指します。

そして超一流は、ジャカルタ空港ですぐ飛行機を乗り換え、まだほとんど知られていないビーチのあるリゾートに向かうでしょう。

そこで自然そのままの海岸を見つけたり、地元の暮らしがそのまま残る集落をふらりと散歩して文化や料理、コミュニケーションを楽しみます。

東京近郊でも、人がそれほどやってこない温泉地や伊豆諸島の島々を訪れ、心身ともにリラックスすることを最優先するのです。

しかも超一流は、その場所のよさを「ほかでもない、自分自身が見つけて開発する」というくらいの目的意識を持って訪れます。

まだ一般には知られていないけれど、一大観光地となり得るポテンシャルを持っているスポットを探し出す。その行動自体が、仕事のエネルギーになりますし、最終的にはパフォーマンスアップにもつなげられるのです。

とにかく人混みを避け、自分だけの時間が過ごせる場所をチョイスすることで、オン・オフを完璧に切り替え、仕事の糧にしているのです。

――自分だけの穴場スポットを見つけよう

46

ホテルの部屋

三流　料金が安いキレイな部屋

二流　料金が安くて景色のいい部屋

超一流　廊下のいちばん奥にある部屋

旅先でどのような部屋に泊まるかは、満足度や充実感に大きく関係します。

「観光は楽しかったたし、料理も美味しかった。

でも部屋がちょっとなぁ……」

そんなふうに後悔してしまったという方も多いのではないでしょうか。

ホテルの部屋を探す際、三流はコストパフォーマンスを気にします。なるべく安い料金で泊まれる部屋をネットでリストアップし、そのなかで可能な限りキレイな部屋、おしゃれな部屋、観光地へのアクセスが便利な部屋を見つけようとします。

しかしこの視点で見つける部屋は、実際に泊まってみると、えてして休息感は得られないものです。

二流も、やはりコストパフォーマンスを気にしますが、「料金だけ」を最優先にするわけではありません。

たとえば海辺のリゾートに行くなら、景色が素晴らしいオーシャンビューの部屋のほうが気持ちが休まりますし、充実感も得られることを知っています。

ですから料金の安さだけでなく、「コスト」と「付加価値」を秤にかけて、なるべく景色のいい部屋を選ぼうとします。

安さだけに限らず、「休日を目いっぱい休もう」という視点を持っているのです。

ただ、それでも二流に関して言えば、視点が1つ欠けています。

それは「静かな環境を求める」という視点です。


超一流は、ほかの宿泊客やホテルスタッフが前を通らない、廊下のいちばん奥の部屋を希望します。ガヤガヤと賑やかな人たちが夜中に部屋の前を通り、安眠が妨げられたという話を聞きます。スタッフがチェックアウトした部屋の掃除を始める音が聞こえ、せっかくのリゾート気分が台無しになることもあるでしょう。

これらは廊下の中間にある部屋や、エレベーターに近い部屋に泊まるからであって、廊下のいちばん奥にある部屋であれば心配無用です。

しかも、一般的に廊下の奥は角部屋になりますので、二方向の景色を楽しめることがほとんどです。

超一流は、旅行は気分をリフレッシュし、仕事のパフォーマンスを高めるために出かけるということを心得ています。

ですから、自分のコンディションに悪影響を与える可能性のある要素、休日を台無しにしてしまうリスクを回避する視点で、部屋を選ぶのです。

こうした考え方はリゾートだけではなく、出張先のビジネスホテルで部屋を選ぶ際にも使える考え方です。

翌日に重要な商談や打ち合わせがあるなら、最高のパフォーマンスで仕事に臨むためにも、廊下のいちばん奥の部屋を指定してみてください。夜中に酔客の声で起こされることがなく、費用対効果以上の宿泊体験を得られるはずです。

——きちんと休める部屋がいちばん

著者紹介

新井直之（あらい・なおゆき）

日本バトラー&コンシェルジュ株式会社代表取締役社長

大学卒業後、米国企業日本法人勤務を経て、日本バトラー&コンシェルジュ株式会社を設立。フォーブス誌世界大富豪ランキングトップ10に入る大富豪、日本国内外の超富裕層を顧客に持つ同社の代表を務める傍ら、企業向けに富裕層ビジネス、顧客満足度向上、ホスピタリティに関する講演、研修、コンサルティング、アドバイザリー業務を行なっている。

これまで上場企業・大手企業の経営者、役員、管理職、一般社員など、さまざまな人々を見てきた経験から、人生の成功者と呼ばれる人と一般の人には、「休み方」に大きな違いがあると知る。働き方改革を推奨するいまの世の中で、本当に必要なのは「正しい休み方」であり、そのことを提唱していくために本書を執筆する。

主な著書は『執事だけが知っている世界の大富豪58の習慣』（幻冬舎）、『世界NO.1執事が教える“信頼の法則”』（KADOKAWA）、『執事のダンドリ手帳』（クロスメディア・パブリッシング）など多数。海外でも翻訳出版され、累計発行部数は30万部を超える。

編集協力　チームTOGENUKI

超一流《ちょういちりゅう》、二流《にりゅう》、三流《さんりゅう》の休《やす》み方《かた》　〈検印省略〉

2018年　9　月　19　日　第　1　刷発行

著　者——新井　直之（あらい・なおゆき）
発行者——佐藤　和夫

発行所——株式会社あさ出版
〒171-0022　東京都豊島区南池袋2-9-9　第一池袋ホワイトビル　6F
電　話　03（3983）3225（販売）
　　　　03（3983）3227（編集）
F A X　03（3983）3226
U R L　http://www.asa21.com/
E-mail　info@asa21.com
振　替　00160-1-720619

印刷・製本　（株）光邦
乱丁本・落丁本はお取替え致します。

facebook　http://www.facebook.com/asapublishing
twitter　http://twitter.com/asapublishing

ISBN978-4-86667-088-1 C2034